Illisibilité partielle

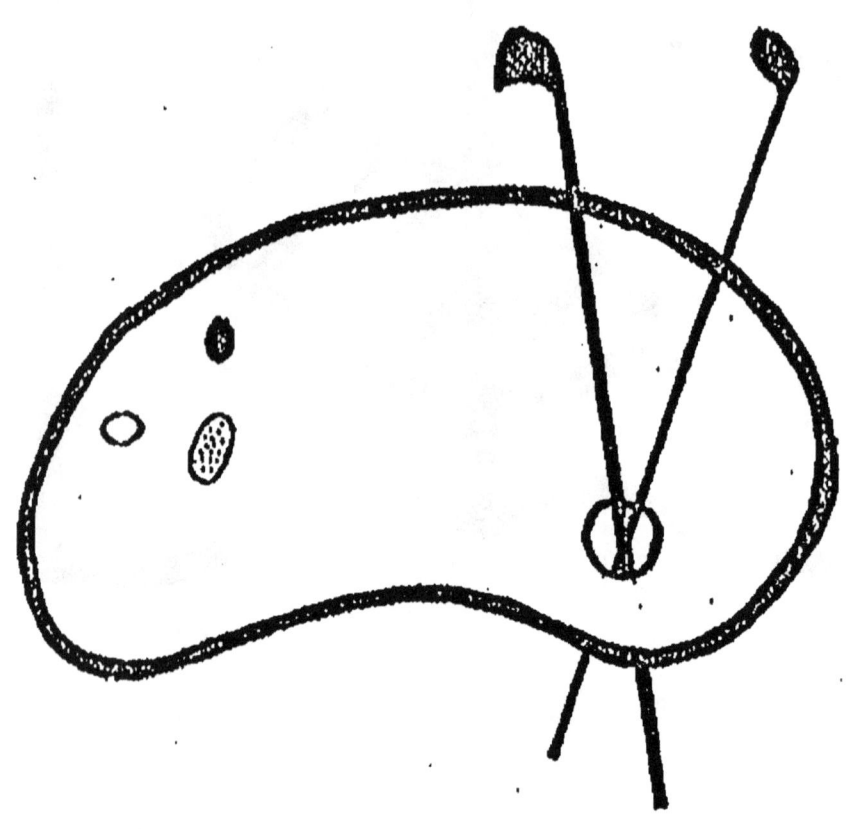

DEBUT D'UNE SERIE DE DOCUMENTS
EN COULEUR

LETTRES INÉDITES

D'UN

AMNISTIÉ

PAR

JULES RENARD

—◆—

BUREAU DE VENTE :

AMIENS

IMPRIMERIE DU PROGRÈS DE LA SOMME
FRANCIS FRANÇOIS
92, RUE DES TROIS-CAILLOUX, 92

—

1880

DU MÊME AUTEUR :

LE RETOUR D'UN AMNISTIÉ

NOTES ET IMPRESSIONS
D'UN PASSAGER DU *CALVADOS*

Prix : **50** Centimes

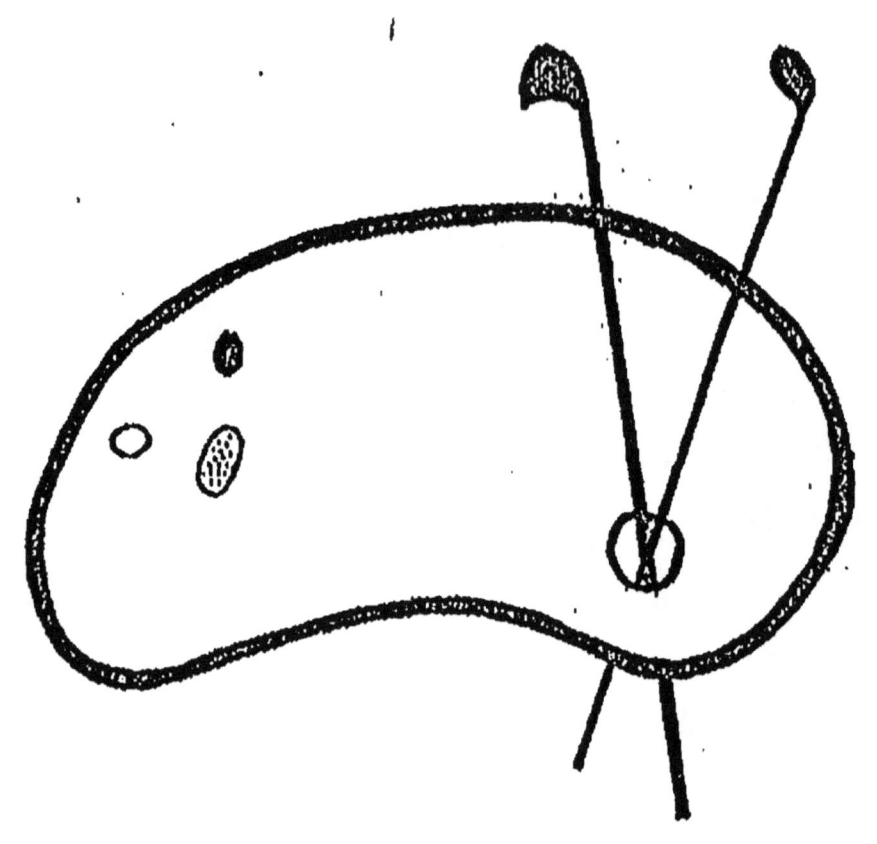

**FIN D'UNE SERIE DE DOCUMENTS
EN COULEUR**

LETTRES INÉDITES

D'UN

AMNISTIÉ

PAR

JULES RENARD

BUREAU DE VENTE :

AMIENS
IMPRIMERIE DU PROGRÈS DE LA SOMME
FRANCIS FRANÇOIS
92, RUE DES TROIS-CAILLOUX, 92

1880

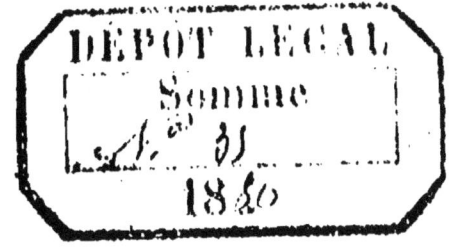

LETTRES INÉDITES

DUN

AMNISTIÉ

A JULES RENARD

« Vous avez fait une action grande.
« Vous ne pouviez être que condamné — ou glorifié.

> VICTOR HUGO.

LETTRES INÉDITES
D'UN
AMNISTIÉ

I

A M. J. G.

Douai, 20 août 1870.

Mon cher ami,

Entré au corps le lundi 15 août, je n'ai pas encore, depuis ce jour, couché dans un lit. Notre matelas, c'est le plancher de la caserne. Si seulement nous pouvions obtenir une couverture ! Mais rien, absolument rien. Quant à la nourriture, j'ignore si l'on mange ici. Je vois bien de temps à autre une troupe d'hommes affamés se précipiter vers une porte où se distribuent des baquets de pommes de terre et des bribes de pain, le tout dans de l'eau sale ; mais quand je pourrais me décider à toucher à ce mélange nauséabond, il me serait vraiment impossible d'en obtenir une bouchée. J'ai vécu jusqu'à ce jour du peu d'argent que j'avais emporté.

Lorsqu'on songe que la même incurie existe pour l'habillement et l'armement, on reste stupéfait. C'est hier seulement que j'ai reçu un pantalon, une veste et un képi : ni chemises, ni souliers. J'entends dire qu'on nous donnera des armes demain. Et la France est envahie ! et le roi de Prusse nomme des gouverneurs de Lorraine et d'Alsace ! Je suis indigné et obligé de concentrer tout en moi.

Chaque jour, il arrive ici de nombreux volontaires. On les voit errer tout le jour dans la grande cour de la caserne. La plupart sont des ouvriers sans travail. Ils vont bientôt, comme moi, aller à la boucherie. J'irai la rage au cœur et je vous assure que je ne me laisserai pas égorger comme un agneau.

Votre ami,

JULES RENARD.

II

A M. A. G.

Douai, 30 août 1870.

Mon cher ami,

Je vous écris à Chantraines (1), bien que probablement vous n'y soyez plus. N'importe, ma lettre vous suivra. Cette guerre funeste, cette guerre d'extermination, outre qu'elle va abaisser la France amollie et dégénérée par vingt ans de despotisme, laissera à la République devenue inévitable, un terrible problème à résoudre.

Je suis arrivé à Douai il y a une quinzaine, et je vous assure que j'ai dû souffrir pendant plusieurs jours. Je ne recevais ni pain, ni gamelle, ni vêtements, ni couverture. Si je n'eusse eu un peu d'argent, je ne sais comment je m'en fusse tiré. Aujourd'hui, pourtant, je suis dans de meilleures conditions. Je commence à connaître le maniement du *flingot*, et bientôt, j'espère, je quitterai le dépôt pour aller rejoindre mon bataillon.

Je lis avec la plus grande attention les

(1) Haute-Marne.

journaux, et j'ai pu savoir que votre département est envahi. Il est probable que Lagny éprouvera le même sort, et que dans quelques jours le prince royal sera sous les murs de Paris.

J'espère que Paris se défendra énergiquement. J'ai pleine confiance en Trochu qui se montre vraiment à la hauteur de la situation. Je suis heureux de voir M. Thiers faire partie du Comité de défense. Vous rappelez-vous le discours qu'il fit au début de cette déplorable guerre ! Que dites-vous de cette majorité pourrie qui a acclamé Rouher, puis Ollivier, puis Duvernois ? Elle devrait être bourrelée de remords. Et cependant elle a encore des velléités de sauver la dynastie !

Laissons-là, mon cher ami, ces considérations navrantes ; ne pensons qu'à la patrie. J'espère que les choses vont changer de face et que la nation qui a tant de fois vaincu l'Europe coalisée saura venger l'humiliation qu'elle subit en ce moment.

Après que l'épreuve sera passée, il nous sera doux de nous retrouver ensemble.

Votre ami dévoué,

JULES RENARD.

III

A M. J. G.

Douai, 5 septembre 1870.

Je ne peux rester sans vous écrire un mot après la grande nouvelle de ce matin. Avide de connaître les mesures prises par les représentants du pays, je quitte au point du jour la caserne pour me rendre à l'Hôtel-de-Ville. J'y arrive haletant. Jamais je ne fus saisi d'une émotion plus vive qu'à la lecture de ces deux mots : *République française*. Je me découvre et me mets à crier d'une voix forte : « Vive la République ! » Les personnes qui étaient dans la rue et qui n'attendaient que ce signal poussent toutes le même cri en m'entourant. C'étaient, pour la plupart, des hommes en blouse dont plusieurs ne savaient pas lire. Ils me prient de leur faire la lecture de la dépêche. Je la transcris ensuite au crayon et je reviens en courant à la caserne. Arrivé à la porte d'entrée, sans m'occuper du poste ni des officiers qui se trouvaient là, je laisse pour la seconde fois échapper de ma poitrine le cri de *Vive la République* ! Aussitôt, sous-officiers et soldats se groupent autour de moi pour connaître la nouvelle tant désirée par toute la garnison — car il faut que vous sachiez que nous sommes ici 1,600 hommes prêts à mourir pour la Patrie, mais à qui on répète chaque jour : « Croisez vos bras ! »

Pas d'illusions, cependant ! La situation est grave, si elle n'est désespérée. C'est une mission terrible que celle qu'a acceptée la gauche, et, à moins que les merveilles de 92 et de 93 ne se renouvellent, je ne vois pas comment nous nous tirerons de l'abîme où l'ineptie de nos ci-devant gouvernants nous a précipités.

En tout cas, nous sommes en République, et c'est ce qui me réconforte. Hier encore j'éprouvais quelque répugnance à marcher sous le drapeau tricolore, mais aujourd'hui que l'aigle impériale vient d'être arrachée et foulée aux pieds, aucun scrupule ne m'arrête plus et si je meurs, je mourrai content.

Adieu, mon cher ami, je vous serre affectueusement la main.

Jules Renard.

IV

A M. J. G.

Douai, 9 septembre 18 0.

Mon cher ami,

L'empire est par terre, mais les hommes de l'empire restent et il ne faut pas trop s'étonner si des affaires du genre de celle dont je vais vous entretenir peuvent encore se produire.

J'ai été traîné hier à la prison comme un criminel. Et si je n'ai pas cassé la figure au drôle qui m'a fait subir cet affront, c'est que j'ai pu garder assez de sang-froid pour ne pas me mettre dans le cas d'être traduit en conseil de guerre.

La lettre suivante, que j'ai adressée, de la prison, au capitaine-major, vous donnera une idée suffisante de ce qui s'est passé.

« Mon capitaine,

« Vous êtes sévère, mais juste ; aussi n'est-ce pas à votre indulgence, mais à votre justice que je viens faire appel.

« Républicain, je n'ai pas hésité à m'enrôler sous le drapeau tricolore surmonté de l'aigle impériale dès que le sol de la patrie fut souillé par la présence des hordes prussiennes et, depuis que je suis ici, je ne crois pas avoir manqué un seul instant à mon devoir.

« Aujourd'hui je suis en prison. Voici pourquoi :

« Il y a une heure, au déjeuner, j'étais à la cantine à côté du sergent G..., lorsque ce dernier prononça ces mots : « Ledru-Rollin est une canaille ! » — Prouvez-le ! prouvez-le ! lui répliquai-je vivement ; je vous défie de le prouver ! » Là-dessus le sergent G... embarrassé, me dit : « C'est bien, vous ne mangerez plus ici ; vous êtes chasseur de deuxième classe et moi sous-officier, j'ai droit sur vous. » — « Je suis engagé volontaire, lui répondis-je, prêt à faire mon devoir aussi bien que n'importe qui et n'ayant encore reçu aucun reproche de personne. Libre à vous de profiter de vos galons dans les circonstances présentes. En tout cas, ce ne serait pas généreux de votre part. »

« Aussitôt un autre sous-officier dont j'ignore le nom et à qui je ne m'adressais nullement, puisqu'il était à une autre table

derrière moi, se lève, quitte sa place et dit :
« Je vais vous faire enlever. » Il sort et
rentre quelques instants après. Ne voyant
personne venir et ne voulant pas quitter la
table avant que cet incident regrettable ne
fût vidé, je me hasardai de dire : Eh bien !
cette salle de police... J'allais ajouter : Va-t-
on m'y conduire? Mais on ne m'en laissa pas
le temps. Le sergent B... m'empoigna brutalement et me traîna à la prison comme un
misérable. Je ne lui fis aucune résistance,
connaissant la rigueur des lois militaires. Je
lui adressai ces seules paroles : « Je ne vous
ai rien dit ; ne me touchez pas ! » Cette scène
produisit sur moi un tel effet que, laissé
seul à la prison, je perdis connaissance.

« Revenu à moi, je m'empresse de vous
écrire ces lignes.

« Mon capitaine, je suis prêt à supporter
les privations les plus dures. Que les circonstances l'exigent, j'endurerai, sans qu'une
plainte s'échappe de ma bouche, le froid, la
faim, l'insomnie, la mort. Mais ce que je
n'endurerai jamais, mon capitaine, à quelque
prix que ce puisse être, c'est la perte de
l'honneur. »

Une demi-heure après, j'étais en liberté,

et je recevais du capitaine lui-même l'autorisation de manger à la cantine.

Laissons-là ces mesquineries, et ne pensons qu'à notre France ensanglantée. Mon cœur se brise lorsque je vois entrer dans la caserne les débris de nos vaillantes armées. Couverts de boue, la barbe inculte, les vêtements en désordre, ces braves, don, plus d'un a eu la veste ou la tunique traversée par une balle, ne demandent qu'à recommencer la lutte pour venger leurs malheureux frères. Dans un groupe, j'ai remarqué des soldats du génie et de la ligne, des cuirassiers, un chasseur à cheval et un turco. J'offre à quelques-uns de ces inconnus de partager mon faible pécule. Ce ne sont plus ces scènes joyeuses du commencement de la campagne. Tout est devenu calme, grave et silencieux. On se recueille, on se prépare à faire un dernier effort. Il est évident qu'on est prêt à vaincre ou à mourir.

Tout ce monde est dirigé sur Paris. C'est à que la lutte deviendra décisive. Il faut à out prix sauver Paris, car *sauver Paris*, comme l'a si bien dit Victor Hugo en y rentrant, *c'est plus que sauver la France, c'est sauver le monde.*

Je crois que la belle circulaire de Jules Favre est appelée à produire une sensation immense en Europe. Tout le monde ici la trouve admirable.

Au revoir, mon cher ami ; n'oubliez-pas celui qui vous est et vous sera toujours tout dévoué.

JULES RENARD.

V

A. M. J. G.

Douai, 18 décembre 1870.

Mon cher ami,

A l'heure où je vous écris ces lignes, il est probable que les Prussiens sont à Lagny (1); que doivent penser aujourd'hui ceux qui ne se sentaient pas d'aise au début de la guerre, qui vous regardaient de travers quand vous leur exposiez vos craintes malheureusement tro pfondées? Sont-ils encore si enthousiastes? Le moment est venu pour eux de se montrer; nous verrons si les actes répondent aux paroles.

Je suis inquiet de ne pas recevoir de vos nouvelles. Est-ce que vous êtes de la garde nationale? Que faites-vous dans le Midi? Croyez-vous que nous puissions nous tirer de l'abîme? Personne ici avec qui je puisse causer.

Il se passe dans le Nord des choses bien tristes : c'est la conséquence du régime ab-

(1) Seine-te-Marne.

ject qui vient de disparaître. Pour moi, le sacrifice de ma vie est fait. Mieux vaut mourir que de survivre à la honte de sa patrie.

Adieu, mon cher ami, peut-être ne rencontrerai-je plus jamais un cœur aussi bon et une âme aussi forte que le cœur et que l'âme que j'ai trouvés en vous.

Vive la République !

JULES RENARD.

P. S. — Vos livres sont rangés avec les miens dans ma chambre. Seront-ils respectés ?

VI

A M. J. G.

Douai, le 26 septembre 1870.

Mon cher ami,

Votre lettre de ce matin m'a fait grand plaisir. Je suis heureux de savoir que vous vous portez bien et que vous faites partie d'un régiment de marche. La vie de garnison devient une torture dans la terrible situation où nous sommes. Aussi mes camarades et moi avons-nous résolu de faire une manifestation pour obtenir de marcher à l'ennemi.

Samedi dernier, 24 septembre, lorsque j'eus pris connaissance des insolentes propositions faites à la France par la Prusse, je m'entendis avec quelques chasseurs intelligents et vraiment républicains, pour une démonstration dans la soirée. Je parlai moi-même à un corporal qui entra dans mes vues et le mot d'ordre fut donné à tout le quartier de se réunir le soir à sept heures sur la place d'Armes, à Douai. Là, nous nous formâmes en colonne serrée, et nous commençâmes à parcourir les rues de la ville en chantant des chants patriotiques. Lorsque nous fûmes arrivés en face du Palais-de-Justice, je fis signe au caporal de commander *halte*, et je cherchai dans la foule un chasseur qui eût une forte voix et qui sût la *Marseillaise*. Un grand gaillard se présente ; mais le malheureux serait resté dix fois à court si je n'eusse été là pour faire l'office de souffleur. Cependant, comme il avait une très belle voix, l'effet produit fut immense. Je vous envoie, du reste, le compte-rendu de la manifestation, tel qu'il a été inséré dans les journaux de Douai.

« Hier soir, entre 7 et 8 heures, notre ville a été témoin d'une imposante manifestation. Une colonne de mille citoyens, composée en majorité de chasseurs, est partie de la place d'Armes et a parcouru les principales rues de Douai aux chants du *Départ*, de la *Marseillaise* et des *Girondins*. Arrivée devant le Palais-de-Justice, la colonne s'arrête et forme le cercle. Un chasseur, placé au centre, reprend seul la *Marseillaise* dont le refrain est répété en chœur par tous les citoyens présents. A la strophe : *Amour sacré de la Patrie*, l'enthousiasme est devenu indescriptible : les fronts se découvrent, les bras s'agitent, les cœurs battent, les femmes, aux fenêtres, applaudissent. C'est bien là l'élan de 92. L'hymne national achevé, la colonne se remet en marche aux cris mille fois répétés de *Vive la République ! Vive la France ! A Paris !* Grossissant à chaque pas, elle se dirige vers l'État-Major de la Place. Là, un chasseur sort des rangs, monte sur le trottoir, demande la parole. En un clin d'œil il est hissé sur les épaules d'un de ses camarades et, au milieu du plus profond silence, il s'écrie, bouillant d'indignation :

« En présence de l'insolent défi jeté à la
« France par la Prusse, nous, soldats-
« citoyens, nous jurons ici solennellement
« de ne déposer les armes qu'après avoir
« vengé nos frères morts au champ d'hon-
« neur. (Applaudissements.) Le cri de : *Vive*
« *la République !* poussé par nos pères en 92,
« a suffi pour faire trembler les tyrans
« jusque dans la moelle de leurs os. Puisse
« ce cri, sorti de nos poitrines, produire
« le même effet sur les hordes prus-
« siennes ! Puisse la France de 70, digne
« fille de la France de 92, joncher son
« sol sacré des cadavres de ces milliers de
« barbares qui le souillent ! » (Longs

applaudissements et cri unanime de : *Vive la République !*)

« L'orateur est entouré, porté en triomphe. Un citoyen s'approche de lui et lui demande son nom. « *Mon nom,* répond le chasseur, *c'est celui de mes camarades !* »

« Aujourd'hui une pétition pour marcher à l'ennemi se signe en masse. »

Ce qu'il y a de beau, c'est que tout s'est passé sous le voile de l'anonyme, et je vous assure qu'il est très-curieux d'entendre ce matin les conversations qui se tiennent au quartier à ce sujet. Les mêmes sergents, qui m'ont traité si brutalement, disaient en lisant le journal : « C'est un rude lapin, celui qui a fait ça ! » Les officiers sont en quête pour découvrir «ce brave chasseur qui n'a d'autre nom que celui de ses camarades ». Il les attend.

Le lendemain de la manifestation, on pouvait lire ce qui suit, affiché à l'intérieur de la caserne des chasseurs :

AVIS

« M. le général d'artillerie, commandant supérieur de la Place de Douai, informe les bataillons de chasseurs à pied qu'il a écrit au général de division pour que les hommes prêts à partir soient expédiés sur les corps en formation. De nouvelles démonstrations deviennent donc inutiles. »

Ainsi, mon cher ami, nous allons avoir le bonheur de combattre pour la République. Tous, nous ferons notre devoir jusqu'à la mort.

La lutte entre dans une phase nouvelle. La Prusse a déclaré hautement ses vues. Ce qu'il faut à ces corbeaux avides, c'est la Lorraine et l'Alsace, c'est le démembrement de notre belle France. Que nous périssions tous plutôt que de consentir à de pareilles conditions ! Du reste, notre cause, qui est celle du droit et de la justice, n'est pas une cause désespérée. Aujourd'hui la force prime le droit ; un jour viendra où le droit primera la force. Déjà en Allemagne, la voix démocratique se fait entendre. Un grand citoyen, M. Jacoby, a protesté énergiquement contre la *prussification* de l'Alsace et de la Lorraine en se fondant sur ce principe élémentaire qu'aucune puissance, si forte qu'elle soit, n'a le droit d'imposer ses lois et son administration à une province, si cette province les repousse. Tout ce qui se fait de contraire à ce principe est un crime politique. Tel fut le partage de la Pologne. Que Guillaume prenne garde ! Le plus fort, dit Jean-Jacques, n'est pas sûr de rester toujours le maître s'il ne transforme sa force en droit et l'obéissance en devoir. La fortune a de soudains revers. Quel homme fut plus puissant que Napoléon Ier ? Qui mourut plus isolé ?

Adieu, cher ami, écrivez-moi souvent. Je vous serre affectueusement la main.

JULES RENARD.

VII

A M. A. G.

Douai, 10 novembre 1870.

« Ils viennent, ils viennent par milliers. La terre tremble sous leurs pas. Ils apportent avec eux la ruine, la désolation, la mort. Comme les anciens barbares, ils sillonnent la France dans tous les sens. C'est le fléau de Dieu qui s'abat sur nous, impitoyable, massacrant les vieillards, déshonorant les femmes, prenant plaisir à tuer de pauvres petits enfants. Impassibles comme des brutes, ils marchent, violant toutes les lois de l'humanité, tressaillant d'une joie féroce, poussant un long cri, un cri sauvage et aigu comme celui de l'hyène. Ils se dirigent vers Paris, le foyer d'où rayonne tout ce qu'il y a de beau, de grand, de noble au monde, de Paris d'où sortit cette devise sublime : *Liberté, Egalité, Fraternité !* Ils veulent étreindre dans leurs serres cruelles ou écraser sous leurs pieds brutaux cette cité généreuse, patrie de tant d'illustres citoyens ! Ils se comptent, ils s'alignent dans leur illusion fatale autour de la capitale du monde civilisé comme des fourmis autour d'un vieux chêne. »

Voilà ce que j'écris aujourd'hui même dans le *Libéral du Nord* dont je suis devenu un des rédacteurs.

Oh ! que je souffre de rester cloué à Douai, pendant que toutes ces choses s'accomplissent ! Nous avons pour commandant supérieur le général Bourbaki qui est, je le reconnais, un chef très-énergique et très-versé dans la science militaire. Il peut être dévoué au gouvernement de la Défense nationale, mais ce que je puis affirmer, c'est qu'il n'a pas la confiance du soldat. Personnellement il me répugne de marcher sous ses ordres. Il est déplorable qu'à Tours on ne connaisse pas mieux les dispositions des troupes.

J'ai appris avec peine que vous êtes indisposé. Espérons que ce ne sera rien et que bientôt vous pourrez reprendre le rôle glorieux de défenseur de la Patrie.

En ce temps de lâcheté et de trahisons, les honnêtes gens sont rares. Nous qui mettons le devoir avant tout et qui sommes irrévocablement décidés à mourir plutôt que de laisser sombrer le vaisseau de la République, marchons la tête haute et fière et flétrissons énergiquement les lâches qui nous insultent en répétant béatement que tout est perdu.

La guerre finie, nous nous reverrons, s'il plaît à Dieu.

Tout à vous de cœur,

JULES RENARD.

VIII

A M. A. G.

Douai, 2 décembre 1870.

J'apprends avec bonheur les succès remportés par l'armée de Paris. — Au moins là il y a du courage, de l'énergie, du patriotisme. — Cela console un peu de la lâcheté qu'on trouve ailleurs.

Tout n'est pas perdu ; si l'empire a dégradé beaucoup d'âmes, Paris renferme dans son sein assez de cœurs généreux pour tracer à tous la grande voie du devoir et du salut.

Je reprends confiance.

Mille amitiés...

JULES RENARD.

IX

À M. J. G.

Douai, 22 janvier 1871.

Mon cher ami,

Je reçois à l'instant votre lettre datée du 11 et je m'empresse d'y répondre. Je puis vous écrire longuement, car je suis indisposé au point de ne pouvoir faire de service.

Tout ce que j'ai pu voir et entendre depuis mon arrivée au corps m'a donné la conviction intime que la France est devenue un malheureux pays.

. . . .
. . . .
. . . .

Mon cher ami, c'est terrible à dire, mais je crois la situation désespérée. Nos généraux paraissent ne pas connaître les premières notions de leur métier. Sur qui compter ? Trochu, à Paris, reste dans une inaction qui fait crier à la trahison, et cependant Paris, dans l'hypothèse la plus favorable, ne saurait plus tenir un mois. Chanzy vient d'être mis en déroute et en a au moins pour trois semaines à se reformer. L'armée du Nord est dispersée. Reste Bourbaki, qui va indubitablement se faire écraser par des forces supérieures. Quelle idée d'avoir envoyé ce général au bout de la France, au lieu de lui avoir laissé faire sa jonction avec Chanzy pour tenter de vaincre Frédéric-Charles ? C'est incompréhensible. Ainsi, d'aucun côté, Paris ne peut attendre de secours avant un mois. Or, dans un mois, Paris aura capitulé ou tenté une sortie impossible.

Voilà ce qui fait l'obsession habituelle de mon esprit. Je n'ai plus de goût à rien. Il y a chez nous des braves, il est vrai, mais d'une bravoure qui prend sa source dans l'égoïsme. Ils ne rêvent qu'avancement, épaulettes et décorations. Le seul homme en qui j'ai rencontré des sentiments élevés, c'est le commandant du dépôt M. ***. J'ai l'avantage d'être bien avec lui et je vais quelquefois passer une heure au milieu de sa famille.

J'ai fait toutes les démarches possibles pour quitter le dépôt. Je suis allé du capitaine au général de division ; rien n'a abouti. Aujourd'hui M. *** m'a promis qu'aussitôt que je serais guéri, il me ferait entrer dans un bataillon de marche.

Adieu, mon cher ami, je suis heureux de savoir que vous êtes à la tête d'un bataillon. Puissiez-vous contribuer grandement à l'œuvre commune.

Je vous serre très-affectueusement la main.

JULES RENARD.

X

A M. A. G.

Douai, 30 janvier 1871.

Mon cher ami,

Je crois comme vous que nous touchons à la fin de la lutte. L'armistice signé à Versailles n'est probablement qu'un préliminaire de paix. Les élections vont avoir lieu dans toute la France, et une Assemblée régulièrement nommée va être appelée à conclure un traité qui sera, hélas ! une honte pour notre malheureux pays. Ce que je redoute le plus, c'est que l'union n'existe pas au sein de la patrie. Il y aura forcément des récriminations, et je crains la guerre civile comme épilogue du drame sanglant auquel nous venons d'assister.

A vous de cœur.

JULES RENARD.

XI

A M. J. G.

Douai, 25 février 187 .

Mon cher ami,

La paix ! la paix ! cri de tous, cri aussi irréfléchi que celui de : *A Berlin ! à Berlin !* que nous avons pu entendre à Paris et ailleurs il y a sept mois. Pour moi, cri de deuil, cri de honte, cri insensé, aussi insensé que l'autre. Mais que peuvent quelques hommes contre la foule ? Gémir, voilà tout. L'état d'abaissement dans lequel se trouve actuellement la France, triste conséquence d'un régime corrupteur, me navre. Aucune grande pensée, aucun amour du beau, du grand, du bien, rien ! Indifférence, égoïsme, préoccupations mesquines, voilà ce qui existe aujourd'hui partout, dans toutes les classes, riches ou pauvres !

La guerre finie, la vie militaire va cesser pour nous, la vie civile reviendra. Aurai-je le bonheur de vivre encore avec vous ? Je l'ignore. Chacun de nous a des devoirs particuliers à remplir.

. . . .

Moi, humble jeune homme, je continuerai comme par le passé, et en me conformant à vos principes, la laborieuse carrière dans laquelle je suis entré. La paix faite, je reprends mes livres, ma craie et mon tableau noir, suivant au milieu de mes veilles, l'œuvre que, j'en ai la conviction, vous allez entreprendre.

Au moment du péril, vous me trouverez à vos côtés.

Je vous serre affectueusement la main.

Jules Renard.

XII

A M. A. G.

F...., 11 juin 1871.

Je regrette beaucoup de n'avoir pu me trouver au rendez-vous que je vous avais donné rue Saint-Sauveur ; plus tard je vous expliquerai les motifs qui m'en ont empêché.

Je suis fatigué et malade. Je voudrais être auprès de vous et reprendre cette vie d'étude si laborieuse et si calme que des évènements malheureux sont venus interrompre. C'est là mon plus vif désir. Vous savez combien je vous estime et quelle est mon amitié pour vous. Si vous aviez conçu au fond de votre cœur quelque pensée, je ne dirai pas mauvaise, mais de doute à mon égard, repoussez-là et attendez que je vous éclaire complétement sur mes actes. Je ne le puis dans cette lettre, mais je ne manquerai pas de le faire aussitôt que l'occasion s'en présentera.

Mon cher ami, je viens encore une fois

faire appel à votre obligeance et, cette fois, c'est pour un service peut-être plus important que tous ceux que vous m'avez rendus avec tant de bonté jusqu'à ce jour.

Voici : aller rue du Bac, 71, et prendre dans ma chambre tout ce qui peut rester m'appartenant. Je sais que de mes effets il ne reste rien, mais il y a les livres que vous m'avez envoyés et auxquels je tiens d'autant plus qu'ils ne sont pas à moi. J'avais donné du linge à blanchir; vous le réclamerez à la dame de l'hôtel. Vous aurez soin également de visiter les armoires de ma chambre. S'il y a quelque chose à payer, vous payerez. Je vous en tiendrai compte.

Vous garderez à Lagny tous les livres appartenant à notre excellent ami J. G. ou vous les lui expédierez à Auch de ma part. Puis vous m'enverrez à F. *tout ce qui m'appartient.*

C'est une bien grosse besogne dont je vous charge là, mon cher ami. Songez que je suis à F..., sans livres, sans personne avec qui je puisse échanger une idée; vous avez dû vous-même éprouver combien cette situation est pénible. Avec mes livres, au contraire, je pourrai travailler; ce sont des amis; ils aident à passer le temps et nous instruisent en nous rendant meilleurs.

Au revoir, mon cher ami, vivons dans l'espoir d'un prochain retour à notre ancienne vie.

Gardez le plus profond silence sur cette lettre.

Je vous embrasse fraternellement.

JULES RENARD.

XIII

A. M. J. G.

F. 20 juillet 1871.

Mon cher et excellent ami,

Rien ne pouvait me causer plus de joie dans l'isolement où je me trouve qu'une lettre de vous.

Je suis heureux d'apprendre que vous êtes marié ; j'espère que vous trouverez au sein de la famille le bonheur que vous méritez. La famille, en effet, est le complément de nous-mêmes ; elle est surtout nécessaire aux hommes de cœur : le spectacle d'une famille qui vit de notre vie nous fait oublier l'égoïsme universel. Je vous félicite d'être entré dans une famille républicaine : puissiez-vous avoir rencontré une femme aussi bonne et aussi généreuse que vous !

Je suis très-sensible à l'invitation que vous me faites ; je voudrais vous revoir, ne fût-ce que pour vous serrer une dernière fois la main en signe de dévouement et de reconnaissance, mais je ne puis ;

Je vais vous dire pourquoi.

Aussitôt que la paix fut ratifiée par l'Assemblée nationale, je quittai l'armée en secouant la poussière de mes souliers ; je n'avais rencontré chez les traîneurs de sabre qu'ignorance, platitude, outrecuidance et rodomontade. Lorsque l'insurrection du Dix-Huit Mars éclata, j'étais à Boulogne-sur-Mer. Je ne me rendis pas d'abord compte de l'intensité du mouvement. Je flétris avec tout le monde l'exécution de Clément Thomas, tout en attendant pour me prononcer sur le caractère des événements. L'attitude de la Chambre, en présence des maires de Paris, dans la séance du 23 mars, me décida à quitter Boulogne pour Paris.

Quand j'y arrivai, le 7 avril, la Commune venait de publier son programme :

« Paris, disait-elle, n'aspire qu'à fonder la République et à conquérir ses franchises communales... Si la Commune est sortie de ses attributions normales, c'est à grand regret... Paris n'aspire qu'à se renfermer dans son autonomie, plein de respect pour les droits égaux des autres communes de France... »

Malheureusement, on ne sut pas se renfermer dans ce programme.

A Paris, je vis le colonel Rossel, alors chef détat-major du ministère de la guerre. C'est un homme sévère ; il jeta sur moi un regard scrutateur, me demanda mes papiers, me posa quelques questions et m'attacha à son cabinet.

Rossel vous ressemble beaucoup par le caractère. Il est un peu plus jeune que vous. Lorsque la guerre éclata, il était capitaine du génie à Bourges. Le journal qu'il affectionne, c'est le *Temps*. Il y publia des articles très-curieux où il prouva que certains livres de stratégie attribués à Napoléon Ier n'étaient pas son œuvre.

Il était à Metz lors de nos premiers désastres, et sentit la France perdue. Il développa alors un plan de défense qui a beaucoup d'analogie avec celui dont vous m'avez fait part dans une de vos lettres et qui consistait à organiser de petites bandes qui eussent agi séparément. Fait prisonnier à Metz, il s'évada, fut nommé colonel du génie par Gambetta et fit, avec ce grade, la campagne à l'armée de la Loire.

J'ai connu bien des caractères dans ma vie ; aucun ne m'a paru aussi digne que celui de Rossel, sauf peut-être celui de Delescluze. Delescluze et Rossel, unis et bien secondés, eussent donné à la Révolution une force terrible ; mais Delescluze était à bout de forces, et Rossel ne fut pas compris. Le vulgaire ombrageux ne voulut point de Rossel, craignant en lui un dictateur ; les médiocrités du Comité de salut public virent en lui un traître et crurent faire merveille en l'accusant. Ce fut, selon moi, le plus rude coup porté à la Révolution.

Au bout de quelques jours, Rossel me témoigna la plus grande confiance ; il me fit établir un lit dans la pièce voisine de son cabinet et, depuis, je travaillai sous ses ordres presque jour et nuit. Le 5 mai, il me nomma commandant.

Un jour, il me tomba sous la main une carte de solliciteur sur laquelle était écrits ces mots :

« M..., capitaine en retraite, aux ordres du
« général Cluseret, *nunc et semper*. »

Je prévins Rossel de la valeur de l'homme et j'écrivis à l'ex-capitaine de se présenter au ministère. Le coquin tomba dans le piége, et Rossel le fit garder à vue, en dépit des angles que son échine souple ne manqua pas de décrire devant le colonel.

A Rossel succéda Delescluze, vieux, malade, la poitrine délabrée. La situation devenait de plus en plus grave. Quoique je fusse loin d'approuver tous les actes de la Commune, je ne crus pas devoir abandonner mon poste au moment du péril. Je restai sur la brèche jusqu'au jeudi 25 mai. Ce fut alors seulement que, n'en pouvant plus de fatigue et d'émotion, blessé au pied et n'étant plus bon à rien, je me décidai à me retirer en lieu sûr.

Telles sont, mon cher ami, les raisons qui m'empêchent de répondre à votre affectueuse invitation.

Suis-je coupable ? je ne le crois pas. J'ai toujours agi honnêtement, loyalement, servant des principes et non des hommes ; j'ai pu me tromper, mais attendons : le jour n'est pas fait sur les horreurs dont Paris a été le théâtre dans les journées de mai 1871.

Il y eut de beaux dévouements. La mort de Delescluze fut héroïque. Le lundi 22 mai, il avait prononcé ces paroles à l'Hôtel-de-Ville : « A nous de montrer, par notre exemple, que les hommes qui ont excité le peuple à combattre et à mourir, ne sont pas les derniers à affronter la mort lorsque le moment est venu de le faire. Pour moi, je sens que ma dernière lutte est terminée. Je mourrai, je le sais ; mais, citoyens, je suis convaincu que pour chaque goutte de notre sang, cinq hommes surgiront un jour pour nous venger et établir dans les années à venir ce que, par suite de notre éducation arriérée, nous avons échoué à fonder aujourd'hui. »

Aux derniers jours de la lutte, on put voir un grand vieillard à cheveux blancs, de physionomie fine et d'allures ascétiques, marcher au centre du boulevard, avec raideur, tout droit devant lui, les bras pendants, le regard dans le vague. C'était Delescluze. Il monta au sommet de la barricade, sans armes, la tête nue, le gilet ouvert, et tomba foudroyé.

Je m'arrête là.

J'espère que cet épisode de ma vie n'affaiblira en rien vos bons sentiments à mon égard et que vous continuerez à m'honorer de votre amitié.

Veuillez présenter mes respectueux hommages à Mme G..., et me croire plus que jamais votre reconnaissant et dévoué.

JULES RENARD.

XIV
A M. J. G.

27 août 1871.

Mon cher ami,

J'ai reçu la longue lettre que vous avez bien voulu m'écrire et qui m'a fait beaucoup de bien. Vous y appréciez les récents événements avec cet esprit impartial et juste qui vous caractérise, et vous voulez bien continuer à m'honorer de votre amitié. C'est pour moi une véritable consolation dans l'isolement où je me trouve. Triste, mais non découragé, je me raidis contre la persécution. Je souffre de voir mes intentions méconnues dénaturées. Chez moi, je passe pour un buveur de sang.

Je sais que telle n'est pas l'appréciation des hommes éclairés, à quelque opinion qu'ils appartiennent ; mais il est toujours regrettable d'être mal vu dans son pays, et rien n'est plus aveugle que les petites haines locales.

Je suis heureux de pouvoir vous faire part des attestations écrites de M. F... et du commandant du ...ᵉ chasseurs. Voici des extraits de ces attestations :

« J'affirme que Renard a rempli ses fonctions avec un zèle et un dévouement au-dessus de tout éloge et que, comme preuve de notre satisfaction, nous prenons l'engagement de le réintégrer dans sa place, sur le vu de la libération de l'engagement volontaire qu'il a contracté pour la durée de la guerre.

« 7 août 1871.

Signé : F...

« La conduite de Renard a toujours été excellente... C'est, du reste, un noble cœur, aux idées élevées et généreuses, animé d'un profond amour pour la patrie. Caractère doux, n'excluant pas l'énergie. Instruction développée. Grande intelligence.

« Il a rendu au 17ᵉ bataillon des services exceptionnels qui lui ont valu un avancement très-rapide, mais qui ont eu le grand inconvénient de le faire retenir au dépôt où sa présence était indispensable.

« Son plus vif désir était d'aller guerroyer, fût-ce même comme simple soldat : peu lui importait, pourvu qu'il payât sa dette au pays.

« Je me suis toujours opposé à son départ pour le motif que j'ai indiqué déjà, et aussi parce que je redoutais pour sa santé les épreuves de la vie de campagne dans les conditions de l'homme de troupe. Je n'attendais qu'une occasion de le satisfaire et de le faire partir comme officier : les évènements, la fin imprévue de la guerre ont empêché la réalisation de ce projet.

« En résumé, Renard, par son caractère, son intelligence, son dévouement en toute circonstance, a su se concilier l'estime et la sympathie de tous ceux qui l'ont connu.

« Pour mon compte personnel, je lui porte une affection véritable, un intérêt réel, et je serais heureux d'apprendre qu'il réussit dans la vie civile comme il le mérite.

« Puisse mon témoignage lui porter bonheur !

« 24 août 1871.

Signé : ***

J'ai entre les mains ces témoignages authentiques. Le cas échéant, je pourrai en faire usage.

Il ne me manque que le vôtre, mon cher ami, et ce n'est pas celui auquel je tiens le moins. Vous me connaissez, vous, mieux que M. F..., mieux que mon ancien commandant. Envoyez-moi donc aussi, je vous prie, votre appréciation, qui sera pour moi la plus précieuse de toutes.

Je reçois ici un journal tellement plat que je suis mal renseigné sur la situation politique actuelle de la France. Il paraît qu'il y a de grosses questions pendantes, que la droite continue ses agissements royalistes et conserve son intolérance; mais je n'ai de ces deux choses qu'une idée vague et confuse. Si vous en avez le loisir, écrivez-moi quelques mots à ce sujet : je vous en serai fort obligé.

Quand le troisième conseil de guerre se sera prononcé sur l'affaire de la Commune et du Comité central, selon que ses jugements seront sévères ou bienveillants, je prendrai une résolution définitive.

Mon intention personnelle et intime serait de me constituer prisonnier, car je crois qu'il y a plus de dignité à venir rendre compte de ses actes devant un tribunal quelconque que de se soustraire à leurs conséquences, mais les personnes avec qui je vis ici, et pour lesquelles il convient que j'aie quelque déférence, combattent cette idée et me supplient d'éviter les conseils de guerre.

Qu'en pensez-vous? Peut-être y aurait-il un terme moyen. Avec les certificats dont je suis muni et celui que j'attends de votre amitié, ne pourrais-je pas essayer de me placer, au risque d'être arrêté?

Bref, je serais heureux d'avoir votre avis là-dessus.

Je suis fort étonné des accusations d'assassinat et d'incendie qu'on veut faire peser sur les vaincus de Mai. Quant à moi, je n'ai jamais su qu'il fut question de cela à la Commune. Des hommes isolés ont pu commettre des actions criminelles; mais je n'ai jamais compris qu'on pût rendre les honnêtes gens solidaires des scélérats.

A vous de tout cœur.

JULES RENARD.

XV

A M. J. G.

Paris, 21 septembre 1871.

Mon cher ami,

J'ai reçu votre lettre et le billet de cent francs que Mme G... a eu la bonté d'y joindre. De plus, c'est à vous que je dois d'être dans cette institution ; c'est votre certificat qui m'en a ouvert les portes. Le fils de M. D..., jeune homme de vingt-cinq ans, ancien élève de l'École polytechnique, connaissait votre nom et les succès de vos élèves.

Vous m'invitez à vous écrire longuement ; je peux le faire sans effort d'imagination, ces derniers jours ayant été assez gros d'incidents pour moi. Je dois tout d'abord vous apprendre que le généreux citoyen qui m'a si noblement donné l'hospitalité à mon retour de Belgique, n'est autre que l'adjoint au maire de la commune de F .. (1). Je pris congé de lui il y a une dizaine de jours,

(1) Je puis maintenant citer son nom ; c'est M. Narcisse Déroguerre, un noble cœur.

résolu à passer en Angleterre. Une lettre, adressée directement à moi par le recteur de l'Académie de Douai, était venue à point pour m'en faciliter les moyens. A Calais, on me dit que je devais passer par Boulogne ; à Boulogne, le sous-préfet, à qui je demandai un permis d'embarquement en arrivant, me fit des observations et finalement me renvoya au commissaire central. Je dus me présenter devant ce redoutable agent, escorté de deux témoins patentés. Bref, je passai le détroit. A Londres, je louai une voiture et j'allai chez tous les placeurs. Rien. Une idée me vint : j'allai voir J.-B. Clément, ex-membre de la Commune. Il me reçut bien, mais ne me dissimula pas qu'il me serait très-difficile de trouver à me caser. Après une nouvelle journée de démarches, restées infructueuses comme les précédentes, je me déterminai à rentrer en France. Je vins à Paris. Vous dire l'effort que je dus faire sur moi-même pour rentrer dans ce pays qui me persécute, c'est une chose que je n'essaierai pas. Depuis trois mois, j'ai bien souffert.

J'ai repris ma vie calme et laborieuse, bien décidé à ne la plus quitter, non parce que j'ai souffert ou que j'ai peur de souffrir, mais parce que je suis dégoûté du tumulte et que j'ai vu de près le peu d'honnêteté qu'il y a au fond des déclamations de certains hommes qui se disent les amis du peuple.

Je ne me fais aucune illusion sur ma situation : d'un jour à l'autre, je puis être arrêté : il suffirait d'une simple dénonciation.

Quoi qu'il en soit, je vais reprendre, à mes heures de loisir, les études dont vous m'avez donné le goût et la clef, et que les événements ont si brutalement interrompues. Seul, livré à mes propres forces, mes progrès seront lents ; n'importe, ici non plus, je ne désespère pas.

Qu'est-ce qui a fait que je suis resté à la Commune ? C'est que je n'étais en rapport qu'avec d'honnêtes gens. Rossel et Delescluze furent mes chefs directs ; c'étaient deux nobles caractères. J'étais estimé d'eux, mais mal vu des autres. Quand Rossel eut quitté le ministère, il arrivait contre moi des petits billets ainsi conçus : « Défiez-vous du commandant Renard, c'est un protégé de Rossel ; il a tout ce qu'il faut pour espionner. » Parce que je travaillais, on me prenait pour un conspirateur.

. . . .

JULES RENARD.

XVI

A M. J. G.

Paris, 22 octobre 1871.

Mon cher ami,

Je crois que vous lirez avec intérêt mes souvenirs de la Commune. Moi-même j'écrirai ce récit avec le plaisir naturel que l'on éprouve à se rappeler des dangers auxquels on a échappé. Les faits dont je vous entretiendrai se sont accomplis sous mes yeux. A l'égard de plusieurs, je pourrais même dire comme Enée commençant le récit de la dernière nuit de Troie : « *Quorum pars*, etc. » Mais n'anticipons pas; mon simple exposé vous fera assez comprendre combien ma situation serait grave si je tombais entre les mains de la police versaillaise.

Je quittai Lagny le 7 avril, jour du vendredi saint, en tenue d'adjudant de chasseurs, avec sabre. Arrêté en route par des soldats Prussiens, je fus conduit par eux devant leur chef, qui m'interrogea et me mit en liberté. J'arrivai à Paris à six heures du soir; mon intention était d'aller offrir mes services à Delescluze. Je me rendis à l'Hôtel-de-Ville, espérant l'y trouver.

De nombreuses pièces d'artillerie (canons et mitrailleuses) étaient parquées sur la place et gardées par des fédérés. Lorsque je voulus passer, un garde national me croisa la baïonnette en criant :

— Halte-là, citoyen !

Je m'arrêtai.

— Citoyen, dis-je au garde national, j'ai besoin de parler au citoyen Delescluze, membre de la Commune.

Au nom de Delescluze, le fédéré s'adoucit et me dit que je chercherais vainement ce membre de la Commune à l'Hôtel-de-Ville.

— Allez au ministère de la guerre, ajouta-t-il ; c'est là que vous le trouverez.

Au moment où j'arrivai au ministère, Delescluze venait de le quitter. Je demandai à parler au délégué à la guerre, Cluseret.

— Le citoyen Cluseret n'y est pas, me dit l'huissier de service à la porte du cabinet du général ; mais vous pouvez voir son chef d'état major, le colonel Rossel.

C'était la première fois que j'entendais prononcer ce nom.

Je fis remettre ma carte à Rossel, qui donna l'ordre de m'introduire aussitôt.

J'entrai.

Rossel m'offrit un siége du regard et continua, pendant quelques minutes, à entretenir les différentes personnes qui l'entouraient. J'en profitai pour l'examiner attentivement. C'est un de ces hommes maigres et pâles qui empêchent les despotes de dormir, une de ces âmes d'élite assez vastes pour embrasser à la fois la science et le sentiment. Sa parole ardente, son regard où brille la flamme de la volonté, la noblesse de son attitude, tout en lui dénonce un homme hors ligne.

Il traitait en ce moment diverses questions relatives à la défense de Paris ; je fus frappé de la facilité avec laquelle il passait d'un sujet à un autre, de l'urbanité de ses manières, de la promptitude et de la netteté de ses solutions.

Lorsqu'il eut fini, il se tourna vers moi et me demanda d'une voix douce, mais brève :

— Que désirez-vous, citoyen !

— Je viens offrir mes services à la Commune.

Rossel jeta sur moi un coup d'œil pénétrant et scrutateur, et ajouta :

— Avez-vous des papiers ?

— Oui, citoyen.

Je lui présentai alors mon livret et une lettre de M. Antony Thouret, ancien représentant et ancien préfet du Nord.

Dans cette lettre, M. Antony Thouret me remerciait d'avoir appuyé sa candidature lors des élections du 8 février. M. Antony Thouret fut le seul candidat du Nord qui se prononça pour la guerre à outrance ; aussi resta-t-il sur le carreau, malgré la popularité et l'estime qu'une vie consacrée tout entière au service du droit lui avait acquises dans son département. M. Antony Thouret est mort il y a quelques jours ; la lettre qu'il m'a écrite est avec le reste de ma correspondance entre les mains de la justice militaire.

Après avoir minutieusement vérifié mes papiers, Rossel me regarda fixement et me dit :

— Que faisiez-vous avant la guerre ?

— J'étais professeur.

— Où demeurez-vous, à Paris ?

— Nulle part; j'arrive à l'instant de la province.

— Voulez-vous un service actif ?

— Ça m'est égal.

— Venez me voir demain matin à huit heures.

— Comptez sur moi.

Telle fut ma première entrevue avec Rossel.

Je vous en ai donné un compte-rendu exact, car elle est restée profondément gravée dans ma mémoire.

A bientôt la suite.

Je vous serre affectueusement la main.

JULES RENARD.

XVII

A. M. J. G.

Paris, 20 octobre 1871.

Je reprends mon récit :

Le lendemain, à huit heures du matin, je me présentai de nouveau devant Rossel ; il me reçut avec bienveillance et me dit familièrement :

— J'ai ici peu d'hommes sur lesquels je puisse compter. Vous me paraissez sérieux ; vous allez rester avec moi.

Et aussitôt il m'installa dans une pièce voisine de son cabinet et m'apporta une liasse de papiers en désordre, dans lesquels se trouvaient des renseignements sur un grand nombre de bataillons de la garde nationale, renseignements qu'il s'agissait de résumer et de classer.

On devait, d'après ces données, très incomplètes du reste, procéder à la réorganisation des légions, et Rossel était précisément chargé de cette réorganisation.

Je déployai toute l'activité possible dans

ce travail. Chaque matin, les lieutenants-colonels des vingt légions de Paris venaient au ministère. Là, Rossel leur demandait individuellement des renseignements détaillés sur l'état de chaque bataillon de leur légion, se montrant très sévère vis-à-vis de ceux qui ne pouvaient en fournir. J'assistais à ces réunions en qualité de secrétaire et je prenais soigneusement note de tout ce qui pouvait compléter mon travail.

Lorsqu'il fut terminé, Rossel, le prenant pour base, fit un rapport à Cluseret dans lequel il demanda la dissolution d'un certain nombre de bataillons signalés comme hostiles à la Commune. Les légions furent définitivement constituées et il fut décidé en principe qu'aucun corps franc ne pourrait rester indépendant des légions. On n'empêchait pas la formation des corps francs, mais ils devaient recevoir du ministère un numéro de bataillon et rester, comme la garde nationale, sous l'autorité du chef de légion de leur arrondissement.

Mais, quelles que fussent son activité et sa puissance de travail, Rossel s'aperçut bientôt qu'il lui était matériellement impossible de continuer à entrer dans les détails de

organisation. Déjà tout son temps était
pris, lorsqu'il fut encore chargé par la Comune de présider la Cour martiale et la
mmission des barricades. A peine trouvaitmoyen de prendre quelques heures de
mmeil, le plus souvent en se jetant tout
abillé sur un canapé.

Le travail de réorganisation finissait par
incomber presque tout entier. Rossel le
mprit et fit entrer dans ce service trois ou
uatre jeunes hommes instruits et distinés. Ensemble, nous abattions de la besogne
 nous parvînmes enfin à faire un peu
 ordre dans ce gâchis.

Pour vous donner une idée de la confiance
ue Rossel avait en moi, permettez-moi de
ous rapporter les incidents d'une nuit de
ille.

C'était quelques jours après mon arrivée à
aris, vers les dix heures du soir, Rossel me
it à part et me dit :

— Renard, je suis éreinté, j'ai besoin
une nuit de repos. Je vais me coucher de
autre côté de la cour, en face, au premier.
ous allez rester seul dans mon cabinet où
ous passerez la nuit. Vous prendrez connaisnce de toutes les lettres ou dépêches qui

arriveront soit à mon adresse, soit à celle du général Cluseret. Vous répondrez vous-même et sous votre responsabilité aux lettres ou dépêches peu importantes, en ayant soin de passer au copie-de-lettres toutes vos réponses ; s'il arrive des demandes de renfort qui vous présentent un caractère sérieux d'urgence, vous viendrez me réveiller; enfin, si quelque cas grave ou imprévu vous était soumis, vous réveillerez Cluseret : il couche dans la pièce voisine de ce cabinet.

Après m'avoir donné ses instructions, Rossel alla se coucher, me laissant ainsi seul avec ma pensée.

Je me rappelle que je fis cette nuit-là de singulières réflexions. Je me reportai à une année en arrière et je comparai la vie calme que je menais alors, vous ayant pour guide, à cette vie agitée, dangereuse, dans laquelle les événements m'avaient précipité. J'entendais le canon gronder dans l'obscurité de la nuit ; j'apercevais, d'une fenêtre, le drapeau rouge flottant au-dessus de la porte d'entrée de l'hôtel du ministre. Je me trouvais dans un salon splendide avec la perspective d'être fusillé le lendemain ou d'aller finir le reste de mes jours à Cayenne ! N'importe ! j'étais sous les ordres d'un homme de cœur, je prenais mon parti en brave.

A partir de minuit, je n'eus plus un moment de tranquillité. La porte Maillot, battue en brèche par les Versaillais, demandait du renfort en hommes et en munitions, je ne crus pas devoir réveiller Rossel à la première dépêche; mais les demandes se renouvelant avec tenacité, je dus me décider à les lui soumettre.

— Qu'est-ce ? s'écria Rossel en m'entendant entrer dans sa chambre à coucher.

— Colonel, la porte Maillot demande du renfort.

— Si ce n'est que cela, répondit Rossel en remplaçant la tête sur son oreiller, je peux dormir tranquille ; il n'y a pas de danger de ce côté-là.

— Alors, je ne dois pas tenir compte des demandes faites ?

— Non.

Quelques heures après, une dépêche grave arrive : un citoyen vient d'être condamné à mort et va être exécuté si le ministère de la guerre n'y met opposition.

La vie d'un homme étant sacrée, je courus réveiller Rossel.

— Colonel, un citoyen vient d'être condamné à mort et va être exécuté si le ministère n'y met opposition.
— A quelle heure doit-il être exécuté ?
— A cinq heures.
— Quelle heure est-il ?
— Quatre heures.
— Allez réveiller le général.

J'y allai aussitôt.

Cluseret se leva, passa en chemise et pieds nus de sa chambre à coucher dans le cabinet de Rossel et fit télégraphier de surseoir l'exécution.

A bientôt la suite.

Votre ami,

JULES RENARD.

XVIII

A. M. J. G.

Paris, 4 novembre 1871.

Pour faire suite à ma lettre du 29 octobre.

Il y avait déjà plus de quinze jours que je travaillais à l'organisation des légions de la garde nationale, lorsqu'un matin je vis entrer dans mon bureau un petit homme trapu, vêtu d'un paletot marron et portant le cordon de la Légion d'honneur à la boutonnière. Sa tête paraissait placée sur ses épaules comme une boule, et lorsqu'il m'adressa la parole, je constatai chez lui un accent allemand très prononcé. Il s'appelait M..., et avait été officier d'infanterie.

Ce M..., dont le regard terne, l'air plein de suffisance, le verbiage intarissable et l'accent allemand déplaisaient au premier abord, n'était qu'un ambitieux vulgaire, intrigant t fourbe, avide de popularité et ne reculant devant aucun moyen pour arriver à son but. Il était parvenu par ses obsessions continuelles à obtenir du délégué à la guerre

Cluseret, le grade de colonel chargé de l'organisation des légions, et c'était précisément ce que ce bonhomme venait m'annoncer, en se présentant, radieux, dans mon bureau.

Depuis quinze jours, mes camarades et moi, nous avions pourvu à tout. Rossel était satisfait de notre travail. Nous organisions sans faire de bureaucratie, et, complétement absorbés par la grande tâche qui nous incombait, nous n'avions pas encore songé à demander quel grade nous était conféré. Pendant que les états-majors des légions, ridiculement galonnés sur toutes les coutures, se pavanaient sur les boulevards, Cluseret et Rossel continuaient à rester en simples pékins, un de mes amis en garde national et moi toujours en adjudant de chasseurs.

On a parlé d'orgies faites dans les ministères et à l'Hôtel-de-Ville; je n'en eus jamais connaissance, et je puis affirmer que Cluseret, Rossel et toutes les personnes sous leurs ordres ne touchèrent, pendant trois semaines, que la modique somme de cinq frans par jour. Du 7 avril au 5 mai, je ne reçus point d'autres appointements, et je devais, avec cela, me nourrir et payer mon logement en ville.

Lorsque M... vint, il voulut tout réglementer et remettre toutes choses sur le pied des anciennes administrations de l'empire. Routinier comme le sont la plupart des vieilles culottes de peau, il se refusa à toute innovation, constitua des bureaux à perte de vue, et put ainsi caser un grand nombre de ses amis. Par instinct, il haïssait et redoutait Rossel, l'homme nouveau, qui savait rompre avec les vieilles traditions. Et comme il n'ignorait pas que Rossel avait trouvé en nous d'utiles auxiliaires, il affecta d'agir en dehors de nous avec le personnel qu'il s'était adjoint

Je trouvai ce procédé un peu cavalier ; n'ayant d'ailleurs rien à redouter de cet intrigant, j'écrivis à Rossel une lettre motivée dans laquelle je le priais de me donner un autre emploi.

Rossel me fit appeler ; par une heureuse coïncidence, et sans qu'il y eût eu entente préalable entre nous, un de mes camarades venait de faire la même démarche. Nous sachant très-dévoués à sa personne, Rossel garda ce camarade avec lui en qualité de secrétaire, et me pria de rester à l'organisation des légions.

— Je n'ai, dit-il, qu'une médiocre confiance

en M... Ne restez étranger à aucune partie du service ; c'est sur vous que je me repose.

Je dus me résigner.

Comme il fallait au citoyen M... tout l'attirail de la bureaucratie, le siége de notre administration fut transféré de l'hôtel du ministre aux bureaux de la guerre. Mon uniforme de chasseur (c'était le même que j'avais reçu le 15 août 1870 en arrivant au corps) commençait à s'user. M... me signa un bon pour une tenue complète de lieutenant d'état-major ; je reçus sabre, revolver et cartouches. De l'entourage de M.. qui s'élevait à trente personnes au moins, trois ou quatre travaillaient ; les autres passaient une grande partie de la journée chez les marchands de vins des environs, buvaient comme des templiers et se montraient arrogants comme des pages. Quelques-uns restaient même des journées entières sans mettre le pied aux bureaux. Indigné d'être obligé de coudoyer de pareilles gens, j'écrivis à Rossel la lettre suivante, qui a été lue au tribunal par le président du 5e conseil de guerre :

Paris, 4 mai 1871.

« Au citoyen Rossel, délégué à la guerre."

« J'appelle votre attention sur le personnel du service de l'organisation des légions. Ce personnel, très-nombreux, se compose de gens qui paraissent se connaître entre eux, et dont le but est d'arriver à éliminer les ouvriers de la première heure.

« Pour mon compte, si le devoir ne me retenait à mon poste, je cesserais bientôt de coudoyer ces hommes qui, pour la plupart, n'ont ni mœurs ni principes. »

Votre tout dévoué,

JULES RENARD.

XIX

A M. J. G.

Paris, 11 novembre 1871.

Mon cher ami,

Je reprends mon récit au point où j'en suis resté.

Cependant, au bout de quelques jours, je fis connaissance d'un ancien officier de marine qui, comme moi, se trouvait sous les ordres de M... Cet officier se nommait C... Calme, brave, simple, dévoué et *sobre*, C... était assurément un des hommes les plus honnêtes de tous ceux qui étaient venus se mettre au service de la Commune. Républicain, il avait cru la République en danger, et il était accouru de Marseille à Paris pour la défendre. L'identité des convictions et des principes, la similitude de position, l'isolement dans lequel nous nous trouvions l'un et l'autre à Paris, tout contribua à nous lier d'amitié.

Nous assistions à la curée des places, des grades et des emplois avec le plus grand dédain. Quand par hasard nous nous promenions sur les boulevards et que nous voyions les états-majors, revêtus de leurs brillants uniformes, prendre des attitudes ridicules, C... ne pouvait s'empêcher de hausser les épaules et de me dire : « On voit bien que ces gens-là n'ont jamais porté l'épée. »

Chaque soir, nous nous communiquions nos impressions et nos observations de la journée. N'ayant tous deux d'autre ambition que celle de servir la République, étrangers aux diverses coteries qui se formaient sous nos yeux, nous ne pouvions assez déplorer les ambitions coupables et malsaines que nous découvrions en certains chefs. Nous acquîmes bientôt la certitude que le colonel M..., à force de complaisances, d'intrigues, de flatteries et de condescendances coupables était parvenu à gagner les bonnes grâces de la Commune, du Comité central, du délégué à la guerre Cluseret et des lieutenants-colonels des légions.

Renverser Rossel, tel était son but. Pendant qu'il ourdissait sa trame, Rossel, l'homme du devoir sévère, travaillait activement à la défense de Paris.

Un matin, M... entra dans son cabinet en riant et en se frottant les mains :

— Rossel va être balayé, dit-il.

Le lendemain, le général Cluseret était arrêté et conduit à Mazas, et Rossel était nommé délégué à la guerre.

Cet événement fut un coup de foudre pour M... Tant que Rossel avait été son égal, M... avait pu chercher à le dépopulariser à son profit ; mais maintenant que Rossel allait être son chef direct, ce ne serait plus la même chose. Pour M..., comme pour toutes les vieilles culottes de peau, la hiérarchie était sacrée. Rossel colonel n'était rien, Rossel délégué à la guerre était tout.

Le soir du jour où Rossel fut nommé ministre, nous tînmes conseil, C... et moi. La situation nous paraissait, en effet, très grave. L'antipathie qui existait entre Rossel et M... nous était parfaitement connue ; d'autre part, nous savions que M... était très populaire et tenait les lieutenants-colonels des légions dans sa main. L'éventualité de sa destitution nous effrayait, et cependant nous étions fortement portés à croire que Rossel allait prononcer cette destitution.

N'étant pas venus à Paris pour servir des personnes, mais des principes, nous crûmes faire notre devoir de bon citoyen —

quelle que fût d'ailleurs notre opinion sur M... — en demandant son maintien provisoire.

Je rédigeai donc, séance tenante, une adresse à Rossel, dont voici la substance.

« Au citoyen Rossel, délégué à la guerre,

« Nous avons rompu les liens de toute sorte qui nous attachaient à la province pour venir mettre nos facultés et notre vie au service de la Commune et de la République ; nous n'avons aucune espèce d'ambition ; nous ne servons pas des hommes, car les hommes sont fragiles, mais des principes, car les principes sont impérissables. Nous savons qu'il existe une certaine antipathie entre vous et le colonel M... ; cette antipathie est funeste à notre cause. Nous vous supplions de rester unis en face du péril pour le salut commun. »

Nous signâmes tous deux et nous portâmes pendant la nuit notre lettre qui fut aussitôt remise à Rossel.

La disgrâce de M... fut ajournée.

Trois ou quatre jours se passèrent, et M...,

qui attendait d'heure en heure sa destitution, était fort étonné de ne pas la voir venir.

Je ne sais s'il fut assez simple pour se figurer qu'on le craignait et qu'il était près d'arriver à ses fins ; le fait est qu'il continua à intriguer plus que jamais.

Le 5 mai, au matin, je fus très-surpris de lire dans l'*Officiel* :

1° La nomination du colonel H... comme directeur de l'organisation de la garde nationale ;

2° La nomination du citoyen M... comme sous-directeur.

Rossel venait de commettre là une faute qu'assurément, il n'eût point faite s'il eût pu voir la situation sous son vrai jour. Malheureusement, il ignorait deux choses ; la première, qu'il n'était pas populaire ; la deuxième, que M... l'était.

Il était environ sept heures du matin. M... devait faire son rapport à huit... Qu'allait-il se passer à ce rapport ? Les lieutenants-colonels des légions, tous antipathiques à Rossel à cause de sa sévérité, n'allaient-ils pas, poussés par M..., faire une démarche collective à l'Hôtel-de-Ville en faveur de ce dernier ? N'allaient-ils pas s'insurger contre le

seul homme capable de diriger la défense ?
Ces éventualités me parurent possibles, et
je crus, en conscience, devoir faire part de
mes craintes à Rossel.

J'écrivis donc sur un carré de papier :

Au citoyen Rossel, délégué à la guerre,

(URGENT)

« Puisque la disgrâce de M... est un fait
accompli, je vous supplie de donner des
ordres pour qu'il ne fasse pas le rapport
aujourd'hui : il pourrait susciter contre vous
une opposition formidable. »

La suite à dimanche prochain.

JULES RENARD.

XX

A M. J. G.

Paris, 21 novembre 1871.

Pour faire suite à ma dernière lettre.

J'envoyai porter ce billet à Rossel, avec ordre de ne le remettre qu'à lui seul. Rossel ne crut pas devoir empêcher M... de faire le rapport, mais il envoya le citoyen S... pour contrôler ses faits et gestes.

M..., ainsi que vous devez bien le penser, ne prit aucune attitude hostile en présence du commandant S... Mais, en déjeûnant, voilà que j'apprends que les chefs de légion sont convoqués à trois heures après-midi au cabinet du colonel M...

Ceci me parut très-grave, et ce qui ajoutait encore au mystérieux de la chose, c'est que la convocation avait été faite furtivement, à l'issue du rapport, alors que le commandant S... avait quitté les bureaux de la guerre.

Je me levai aussitôt de table et j'envoyai

immédiatement à Rossel une nouvelle lettre ne contenant que ces mots :

Au citoyen Rossel, délégué à la guerre

(URGENT)

« Les chefs de légion sont convoqués aujourd'hui à trois heures au cabinet du colonel M... : en êtes-vous informé ? »

Quand le délégué à la guerre reçut cette communication, il était au lit, ayant fait une chute de cheval la veille ou l'avant-veille. Il m'envoya chercher aussitôt.

J'entrai dans sa chambre à coucher, qui lui servait aussi de cabinet de travail ; il était en chemise et commençait à s'habiller.

— Renard, me dit-il, c'est vous qui m'avez écrit il y a quelques jours pour me demander le maintien de M...

— Oui, colonel.

— J'ai l'intention de le faire arrêter ainsi que son entourage.

Pendant que nous parlions, Rossel s'habillait. Tout à coup la porte de son cabinet s'entrouvrit et un petit homme pâle, défiguré, entra : c'était M... Il tremblait de tous ses membres et tenait un pli à la main.

— C'est vous, colonel, dit Rossel ; vous êtes en état d'arrestation.

Et il le fit conduire à la prison de Cherche-Midi.

Puis, s'adressant à moi :

— Rédigez l'ordre d'arrêter les personnes composant l'entourage de M... — celles qui peuvent avoir quelque influence — s'entend.

Je m'assis et écrivis ce qui suit :

« Ordre,

« Le délégué à la guerre ordonne la mise en état d'arrestation des citoyens dont les noms suivent :

Et je couchai dix noms à la suite de ces deux lignes. Puis je présentai cet ordre à Rossel qui ajouta de sa propre main ces mots : *Accusés de complot*, et signa.

— Maintenant, dit-il, en me remettant le papier entre les mains, je vous charge, sous votre responsabilité, de l'exécution de cet ordre.

— Mais, colonel, je ne suis que lieutenant, et parmi les personnes à arrêter, il y a des commandants...

— Plus de paroles, répliqua Rossel en m'interrompant, des actes. Il y a dans la cour un officier des volontaires de Montrouge ; allez le trouver et demandez-lui de vous prêter main-forte.

Je crois que rien n'est plus funeste que les scrupules en temps de révolution. Si les hommes du Quatre-Septembre eussent été moins scrupuleux, moins disposés à ménager toute sorte de susceptibilités ; s'ils n'eussent trop craint de froisser des individus ou de léser des intérêts particuliers, peut-être eussent-ils sauvé la France...

Pénétré de cette pensée, je n'hésitai pas dans l'accomplissement de la mission périlleuse et — il faut dire le mot — répugnante, dont Rossel m'avait chargé.

J'allai trouver l'officier des volontaires de Montrouge, et je le priai de m'accompagner avec huit ou dix volontaires en armes, baïonnette au canon ; et, ainsi escorté, j'enfilai les couloirs du ministère. A trente pas de la pièce où devaient se trouver les individus en question, je commandai halte à ma petite troupe et je l'instruisis en quelques mots de ce dont il s'agissait.

— Peut-être, dis-je, n'aurai-je pas besoin de votre concours. Vous allez rester là. Je vais signifier l'ordre d'arrestation à qui de droit, et vous viendrez à la rescousse, si c'est nécessaire.

Justement tout mon monde se trouvait réuni. Je crois que ces messieurs soupçonnaient l'arrestation de M... et commençaient à en tirer pour eux de funestes présages. Je me présentai au milieu d'eux et les priai de vouloir bien m'accompagner jusqu'à mon bureau, pour prendre communication d'un ordre du délégué à la guerre. Ils me suivirent.

J'entrai avec eux, puis je fermai la porte et m'adossai contre en dépliant l'ordre d'arrestation. Le silence s'étant établi, je parlai ainsi :

— Citoyens, j'ai à vous donner connaissance d'un ordre du délégué à la guerre.

« Ordre,

« Le délégué à la guerre ordonne la mise en état d'arrestation des citoyens dont les noms suivent, accusés de complot...

A ces mots, je fus violemment interrompu.

Les uns me menacèrent du poing, d'autres de leur revolver. Les paroles les plus outrageantes me furent adressées.

— Je reconnaîtrai votre figure, dit l'un d'eux; je me vengerai.

— Je brûlerai la cervelle au premier qui mettra la main sur moi, dit un autre.

— Qui est Rossel, s'écria un troisième. Je ne connais pas Rossel, je ne connais que la Commune.

Je m'attendais à cette explosion. J'étais sans armes et bien décidé à ne pas me départir de mon calme, quoiqu'il pût advenir.

— Citoyens, leur dis-je au milieu du bruit et pendant que l'un de mes auditeurs me mettait son revolver sous le nez, des accusés ne sont pas des coupables; si vous êtes innocents, vous n'avez rien à craindre. Pourquoi ces récriminations? J'exécute un ordre.

Et comme ils continuaient à m'adresser les paroles les plus dures :

— J'ai là de quoi vous calmer, ajoutai-je en ouvrant la porte.

Et sur un signe de moi, les baïonnettes apparurent. La vue de ces baïonnettes produisit l'effet d'une douche d'eau froide sur mes prisonniers. Tous se turent. Ces hommes, si arrogants une minute auparavant, devinrent plats et me prièrent de ne pas les faire escorter, me donnant leur parole de me suivre partout où je voudrais les conduire. Parmi ces citoyens, il y avait quatre commandants d'état-major.

Je les conduisis devant Rossel, qui les mit au secret. Ils furent relaxés dans la nuit par ordre de la Commune.

JULES RENARD.

XXI

Paris, 27 novembre 1871.

À M. Rossel.

Mon cher compatriote,

Volontaire pendant la guerre contre la Prusse, j'eus, comme vous, le cœur déchiré par le honteux traité qui y mit fin.

Comme vous, je vins me mettre au service des forces gouvernementales constituées à Paris. C'est vous qui me reçûtes, c'est vous qui me fîtes l'honneur, malgré mon obscurité et ma jeunesse, de me charger de l'organisation des légions de la garde nationale. A part le talent, il y a identité entre votre conduite et la mienne.

Vous fûtes le chef, je fus le soldat; si votre tête tombe, la mienne doit tomber aussi.

Je me constitue prisonnier.

Cet acte, je le sais, paraîtra étrange à la génération ramollie et débililitée qui a vécu sous l'empire, mais ce n'est pas là ce qui m'inquiète.

Ma conscience m'approuve : ma conscience, dis-je, et c'est assez.

Adieu, mon cher compatriote ; je vous serre fraternellement la main.

JULES RENARD.

XXII

A M. A. G.

Préfecture de police, 30 novembre 1871.

Mon cher ami,

Je suis en prison au dépôt de la Préfecture de police. Je vous prie de vous rendre chez M. D... et de prendre possession de tout ce qui m'appartient.

Je n'ai pas le courage d'écrire à ma famille : je compte sur votre vieille amitié pour la prévenir de ma position.

Si vous pouvez, soyez assez bon pour m'apporter une ou deux chemises et une ou deux paires de chaussettes. Réclamez chez M. D... les journaux et lettres qui pourraient être arrivés à mon adresse. Gardez-les.

La mort de Rossel m'a frappé au cœur...

Adieu, mon cher ami. Je ne crois pas que vous puissiez me voir; mais vous pouvez m'écrire; seulement, vos lettres, comme les miennes, seront lues au greffe.

Ne m'oubliez pas auprès de votre mère en qui j'ai trouvé le même bon cœur qu'en vous-même.

JULES RENARD.

XXIII

A M. A. G.

Préfecture de police, 4 décembre 1871.

Mon cher ami,

Je suis triste, mais non découragé. Ici, nous ne sommes pas isolés, nous occupons une salle assez vaste. Voici l'emploi de notre temps.

Nous nous levons le matin à six heures et nous portons notre paillasse au premier, puis nous descendons faire nos ablutions. Aussitôt débarbouillés, on nous conduit au *promenoir*. Le promenoir est un espace carré ayant environ huit mètres de chaque côté. Nous sommes là, à ciel découvert, respirant le grand air. S'il neige ou pleut, nous recevons la neige ou la pluie sur les oreilles. Notez que nous sommes une quarantaine dans ce promenoir et vous pourrez calculer mathématiquement l'espace réservé à chacun de nous pour prendre ses ébats.

A neuf heures, la *promenade* est terminée. Nous rentrons dans la salle commune. En passant dans le couloir qui y conduit, un gardien nous compte comme un troupeau. Deux fois par semaine, le jeudi et le dimanche, on nous donne le matin un bouillon soi-disant gras. Les autres jours, soupe aux haricots ou aux pommes de terre. En tout temps, la boule de son traditionnelle.

De neuf heures à trois heures, ennui général. A trois heures, deuxième et dernier repas, aussi frugal que le premier et consistant, cinq jours sur sept, en haricots ou pommes de terre à l'eau. Il n'y a pas gras, comme vous le voyez, sauf le jeudi et le dimanche, où les légumes sont remplacés par une tranche de bœuf. On mange avec les doigts. Le coucher n'est pas non plus ce qu'on peut rêver de plus confortable. Une mauvaise paillasse sur laquelle s'étendent tour à tour les locataires de ce triste lieu et une couverture sans draps ni oreiller, tel est notre lit. Joignez à cet ensemble une quantité respectable de vermine, et votre dégoût sera complet. Ce n'est pas gai, n'est-ce pas ?

Quand on a quelques sous, on peut améliorer sa position en se procurant, soit du fromage, soit du saucisson, soit, de temps en temps, un verre de vin.

Quelle que puisse être la suite de mon affaire, je suis prêt à accepter la responsabilité de mes actes. On ne peut me condamner que comme homme politique, et l'avocat qui sera ultérieurement chargé de ma défense aura, je crois, la tâche facile. La peine qui pourra m'être infligée ne m'effraye pas. Je m'en soucie peu. Ce dont je me soucie, ce à quoi je tiens plus qu'à la vie, c'est que mon honneur soit intact. Je dirai au conseil de guerre la vérité, sans forfanterie comme sans faiblesse. Je défie que l'on puisse m'imputer un crime ou un délit de droit commun. Mon rôle a été purement politique et exclusivement administratif.

Ne m'oubliez pas auprès de votre mère ; dites-lui combien je lui suis reconnaissant de la sympathie et de l'attachement qu'elle a pour moi.

Quand vous viendrez à Paris, je vous prie de m'apporter un peigne et une brosse. Votre mère a été trop bonne de m'envoyer un aussi beau pâté. Ne faites plus de ces dépenses-là, je vous prie : vous me gâtez.

Je ne sais si je resterai longtemps ici ; si toutefois je venais à être transféré à la Santé ou à Versailles, je vous en informerais aussitôt. Je n'ai encore vu ni juge d'instruction ni capitaine rapporteur. J'espère cependant être bientôt interrogé.

Si, par hasard, on me mettait au régime cellulaire, je vous le ferais savoir pour que vous me fissiez parvenir quelques ouvrages de mathématiques.

Adieu, mon cher et bien cher ami ; quand me sera-t-il donné de vous serrer la main ?

Jules Renard.

Pardonnez ce style décousu. Je vous écris debout, dans le creux de ma main.

XXIV

A M. L. G.

Préfecture de police, 5 décembre 1871.

Mon cher concitoyen,

Volontaire pendant la guerre contre la Prusse, partisan de la lutte à outrance, républicain inébranlable, tels sont les titres qui peuvent me recommander à vous. N'écoutant que la voix de ma conscience, je suis venu me mettre au service de la Commune, intimement convaincu que Paris, dans cette malheureuse guerre fratricide où se sont abîmées tant d'énergies et tant de belles intelligences, représentait l'avenir républicain. Secrétaire du brave et infortuné Rossel, puis chargé par lui de l'organisation de la garde nationale, j'ai toujours agi loyalement et avec le désintéressement le plus complet. J'ai pu me tromper, mais j'ai toujours été de bonne foi. Plus heureux que Rossel, j'avais pu, jusqu'au jour de sa mort, échapper à la persécution organisée contre les vaincus de mai. Mais l'horrible exécution de mon ancien chef me révolta au point que je résolus de me constituer prisonnier afin d'être pour ainsi dire une protestation vivante contre cet acte sanguinaire...

Je ne recule pas devant la responsabilité de mes actes. Qu'on me fasse un crime d'avoir eu du cœur et d'avoir combattu pour ma foi, cela m'importe peu, mais je tiens à conserver mon honneur intact. Je défie qui que ce soit de relever contre moi aucun crime ou délit de droit commun. Je fais appel à vous, mon cher et illustre concitoyen, pour que vous contribuiez, s'il vous est possible, à faire luire le grand jour sur ma vie...

Pardonnez-moi de vous parler si crûment. J'écris à la hâte, dans le fond de ma main, espérant vous faire parvenir ce mot par un de mes co-détenus qui va être mis en liberté. Je vous prie de m'honorer d'un mot de réponse et de me croire votre tout dévoué.

Jules Renard.

Réponse de M. L. G.

Paris, 8 décembre 1871.

Monsieur,

Je viens de prendre connaissance de votre lettre et m'empresse de répondre à votre appel. Mais, vous le comprenez, mes occupations sont si nombreuses qu'il m'est impossible de vous aller visiter moi-même. Je vous envoie mon secrétaire, en qui j'ai toute confiance et avec qui vous pourrez vous entretenir.

Je vous prie, monsieur, d'agréer mes salutations fraternelles.

L. G.

XXV

A M. L. G.

Préfecture de police, 14 décembre, 1871.

Mon cher et illustre concitoyen,

Permettez-moi de vous dire, dans toute la sincérité de mon âme, que depuis le jour où, je ne sais plus à quel banquet, vous avez inauguré une politique nouvelle qu'on peut, pour ainsi dire, résumer en un seul mot : *Laboremus!* je fus avec vous de cœur. Je compris que l'avenir appartiendra inévitablement aux travailleurs opiniâtres comme vous, et je suivis depuis, avec le plus grand intérêt, vos efforts patriotiques et républicains.

Au moment de la déclaration de guerre à la Prusse par le gouvernement de Bonaparte, j'étais, depuis deux ans, professeur à L... Bien que radicalement opposé à la guerre à son début, je n'hésitai pas un seul instant à tout abandonner pour m'engager, comme simple volontaire, dans un bataillon de chasseurs dès que le sol de la France fut foulé par l'ennemi. J'écrivis sur le tableau noir qui servait à mes études : *Salus Patriæ suprema lex*, et je partis.

Je ne vous parlerai pas de ma conduite sous les drapeaux. Vous trouverez ci jointe une pièce de mon ancien chef de corps (1), qui sera, je crois, plus éloquente que tout ce que je pourrais vous dire moi-même. Ce n'est certes pas ma faute si je n'ai pas marché à l'ennemi. J'ai fait, pour obtenir cette faveur, toutes les démarches qu'un homme peut faire, et si le général Espivent a bonne mémoire, il doit se rappeler encore le jeune sergent-major qui alla un jour tout exprès de Douai à Lille pour le supplier de l'envoyer au feu comme simple volontaire plutôt que de le laisser gratter du papier au dépôt.

Ne pouvant servir la République avec le fusil, j'essayai de la servir par la parole et par la plume. J'écrivis une trentaine d'articles dans le *Libéral du Nord*, où je ne cessais de conjurer mes camarades et mes concitoyens *d'élever leurs âmes à la hauteur des effroyables désastres qui frappaient la Patrie*. Il

(1) Le texte de cette pièce a déjà été donné.

est dit dans une des pièces que vous trouverez ci-annexées que je fréquentais les réunions politiques : j'y allais quelquefois, je le reconnais, mais toujours avec l'unique préoccupation de la défense du pays.

Jamais la moindre punition ne me fut infligée.

Le grade d'officier me fut offert par faveur, je le refusai.

Quand on signa le traité de paix qui mit fin à la guerre, je protestai énergiquement et je quittai l'armée.

Profondément blessé comme patriote, j'étais loin d'être rassuré comme républicain. A l'assemblée de Bordeaux, les partis monarchiques marchaient tête levée ; chaque fois qu'un républicain prenait la parole, la droite se démenait en d'inconvenantes convulsions.

Je crus la République en danger. L'attitude de la Chambre, dans la séance du 23 mars, me décida à aller offrir mes services au gouvernement insurrectionnel de Paris. Je le fis avec désintéressement, droiture et dévouement.

Vous savez le reste.

Je ne veux pas être plaint. Mon dernier acte a été volontaire, bien que spontané.

Je ne désire qu'une chose, c'est que mon honneur reste intact ; je ne regrette qu'une chose, c'est de n'être pas mort en combattant pour la France.

Adieu, mon cher et illustre concitoyen, croyez à mon dévouement inébranlable à la République et veuillez agréer mes salutations fraternelles.

Jules Renard.

XXVI

A M. J. G.

Prison des Chantiers, 22 décembre 1871.

Mon cher ami,

J'ai été transféré, hier, 21 décembre, au dépôt des Chantiers, à Versailles. Nous y sommes environ un millier, tous accusés d'avoir pris part à l'insurrection. J'espère que mon affaire va recevoir une prompte solution. Si j'en crois M. F., qui a pu obtenir de me voir à la Préfecture, mon dossier est prêt et je vais passer, dans un bref délai, devant le 5° conseil de guerre.

N'ayant pas encore été interrogé, je n'ai pas cru devoir jusqu'à présent faire choix d'un avocat. Je veux d'ailleurs prendre vos conseils à ce sujet.

A vous et à Mme G. de tout cœur.

JULES RENARD.

XXVII

A M. A. G.

Prison des Chantiers, 26 décembre 1871.

Mon cher ami,

Vous vous impatientez, dites-vous, de ne pas recevoir de mes nouvelles : oh ! ne m'en voulez pas ! Ma pensée, mon cœur est avec vous ; mais si vous saviez combien il me répugne de confier à un papier qui doit être lu et scruté les replis les plus intimes de ma conscience ; si vous saviez combien il me coûte d'être obligé de peser, de mesurer mes paroles, alors que je m'adresse à plus qu'un ami, à un frère, vous comprendriez mon retard et vous l'excuseriez peut-être. Vous oublier, moi ! Y pensez-vous ? Puissé-je plutôt m'oublier moi-même ! Hier, j'étais tellement ému de me trouver en votre présence que c'est à peine si je pus vous adresser quelques mots ; et quand vous partîtes, brutalement séparé de moi par un agent, mon cœur se serra de douleur, et il me fallut faire un grand effort sur moi-même pour me contenir. Un lien invincible, cher ami, un lien que la mort seule peut rompre, m'unit à vous. Vous dites que je dois être classé parmi les grandes âmes ; si quelqu'un mérite cet honneur, c'est vous. Vous êtes le héros obscur du devoir et de l'amitié ; vous êtes moins que moi accessible à l'entraînement. Je ne connais pas d'homme plus honorable que vous. Les évónements, parfois plus forts que les hommes, nous ont momentanément séparés ; mais nos âmes, comme dit Lamennais, sont libres et correspondent.

Quand j'ai quitté mes livres pour aller prendre place parmi les défenseurs de notre malheureuse France, j'ai obéi au cri de ma conscience ; quand, plus tard, au milieu des trahisons, des incapacités, des désertions, des défaillances de toute sorte dont j'étais témoin, je continuai à offrir ma poitrine aux balles ennemies plutôt que de voir mon pays mutilé et le droit terrassé par la force ; quand le cœur déchiré comme patriote, l'âme inquiète comme républicain, je vins me mettre au service des forces gouvernementales constituées à Paris, j'obéis encore au cri de ma conscience. Aucun autre mobile que le grand mobile du devoir ne m'y poussa. Je ne soutiens pas que je ne me suis pas trompé; je n'ai pas la sotte prétention d'être infaillible; ce privilége est l'apanage du pape, et je le lui laisse; mais si je me suis trompé, je puis dire en mon honneur et conscience que j'ai agi de bonne foi. Je l'ai dit et je le répète; je n'approuve pas tous les actes de la Commune. Je sais maintenant qu'il y avait parmi les hommes qui l'ont servie beaucoup d'intrigants et d'ambitieux. Je n'ai jamais servi ces hommes. J'ai toujours servi des principes que j'ai cru justes et que toutes les fautes et tous les crimes possibles ne sauraient ternir. Si je n'ai pas quitté mon poste pendant les derniers jours, alors que je voyais que tout était perdu, c'est qu'il me répugnait de passer pour un lâche au moment du péril. Libre cependant, et tranquille, je me suis constitué prisonnier, parce que ma conscience me l'a prescrit encore, et je ne m'en repens pas.

Je sais qu'on apprécie mon acte de différentes façons; je l'ai prévu dans ma lettre du 27 novembre, et je serais bien naïf si je m'en étonnais. Je ne cherche pas à *poser*, j'accomplis simplement ce que je crois être mon devoir. *Fais ce que dois !* telle était la devise de nos pères ; c'est aussi la mienne et ce n'est pas ma faute si cette devise, à part quelques rares exceptions, n'est plus comprise aujourd'hui.

Si vous venez dimanche ou lundi, soyez assez bon pour m'apporter quelques ouvrages de Victor Hugo. Pour que nous puissions causer ensemble, il faut que vous arriviez de bonne heure, entre dix et onze heures du matin, et que vous alliez à la Prévôté, avenue de Paris, à Versailles, demander l'autorisation de me voir, autorisation qui vous sera délivrée sur la présentation de cette lettre. Nous pourrons ainsi passer une heure ou deux ensemble, et ce sera pour moi une bien douce consolation.

Adieu, ami, courage et confiance ! Un jour viendra où l'on n'entendra plus parler de sang répandu, de pontons où l'on râle, de casemates où l'on meurt : un jour viendra où Caïn sera définitivement proscrit de la terre, où la fraternité, fille de l'Evangile et de la Révolution, étendra son sceptre béni sur les peuples. Et alors, nous, qui aurons souffert, qui aurons été méprisés, calomniés, foulés aux pieds, nous serons les premiers à répudier le talion imbécile et à proclamer l'oubli du passé.

JULES RENARD.

XXVII

A M. S., avocat

Prison des Chantiers, 30 décembre 1871.

Monsieur,

Je vous suis vivement reconnaissant des démarches que vous avez bien voulu faire pour moi et j'accepte de grand cœur votre concours, persuadé que ma cause ne saurait être remise en de meilleures mains que les vôtres.

Il y a deux jours que j'ai été interrogé pour la première fois. C'est bien devant le 5º conseil de guerre que je dois comparaître. Le rapporteur est M. D..., capitaine d'infanterie.

Je vais immédiatement prendre des mesures pour vous faire tenir différents documents pouvant être utiles à ma défense.

En attendant qu'il me soit permis de conférer avec vous, je vous prie d'agréer, Monsieur, l'expression de mes sentiments fraternels.

JULES RENARD.

XXIX

A M. J. G.

Versailles, 31 décembre 1871.

Mon cher ami,

J'ai reçu une lettre de M. S..., secrétaire de M. G...; je vous en donne quelques extraits :

« Vous savez que M. G... s'intéresse tout particulièrement à vous. Votre conduite, votre courage, vos sentiments l'ont vivement touché... J'ai beaucoup réfléchi à votre situation ; j'en ai souvent causé avec M. G..., si vous croyez que ma parole puisse vous être utile, je me rendrai auprès de vous. »

Je n'avais pas à hésiter ; je viens d'écrire à M. S. que j'accepte son offre généreuse.

En conséquence, je vous prie de vouloir bien adresser à M. S..., avocat, quelques-unes de lettres que je vous ai écrites pendant la guerre contre la Prusse.

Si vous le jugez convenable, faites lui parvenir en même temps deux mots en ma faveur.

Je vous présente mes souhaits de bonne année, à vous et à l'excellente Mme G...

JULES RENARD.

XXX

A M. S..., avocat à la Cour d'appel,
Paris.

St-Clar, le 8 janvier 1872.

Monsieur,

S'il est des œuvres magistrales qui ne supportent pas de commentaires, il est de même des hommes que les éloges amoindrissent; — Jules Renard, votre client, est un de ceux-là.

Il fut mon élève, il est aujoud'hui mon ami intime. Pour vous aider à faire aux yeux de ses juges éclater sa justification (j'allais dire glorification, sans son égarement ultime), je vous envoie quatre de ses lettres écrites à des moments mémorables. Veuillez surtout remarquer la première datée du 8 août 1870 (1) (l'empire souillait encore la France), la fin de la troisième et aussi le commencement et la fin de la qua-

(1) Cette lettre n'a pu être retrouvée.

trième. Je n'ai pu retrouver une de ses lettres de fin d'août 1871 (2), dans laquelle il me manifestait l'intention de se livrer.

Vous avez mis votre talent au service d'une noble cause, monsieur. Je ne vous ferai pas l'injure de vous en remercier ou de vous en féliciter : toute belle action porte en soi sa récompense.

Je vous serre fraternellement la main.

J. G.

(2) Elle m'a été communiquée depuis et fait partie de cette publication.

XXXI

A M. N. D.

Prison des Chantiers, 22 janvier 1872.

Mon cher ami,

J'éprouve le besoin de m'entretenir quelques instants avec vous. D'abord pour vous tranquilliser sur ma situation actuelle, ensuite pour vous faire connaître le sort probable qui m'est réservé. A vous, je ne cacherai rien : vous êtes pour moi plus qu'un ami, depuis le jour où, n'écoutant que votre bon cœur, vous m'avez offert, à moi pauvre proscrit, une place à votre foyer.

Ma situation actuelle n'est certes pas agréable. Quand on est obligé de coucher sur une botte de paille à moitié pourrie, on ne peut faire que de tristes réflexions ; et lorsqu'on se lève le matin les membres endoloris et plus fatigués que la veille, on est forcement induit à penser qu'on n'est pas précisément dans un lieu de délices. Mais, à mon âge, on se rit de toutes ces misères, on dit que c'est une question d'habitude et on nargue ainsi la destinée.

Ne vous préoccupez donc pas, mon cher ami, des privations de toute sorte que je suis obligé de subir. Doué par la nature d'une santé et d'une constitution à toute épreuve, j'y suis complétement insensible. Reste donc à envisager l'avenir qui m'attend.

Beaucoup de personnes m'ont écrit depuis que je suis en prison, et presque toutes cherchent à percer le voile mystérieux qui nous sépare de demain. C'est là une curiosité indiscrète, et je vous assure que mon souci n'est pas de deviner ce que je deviendrai demain. Homme du devoir, j'ai fait dans la mesure de mes forces ce que le devoir m'a prescrit. Je défie les esprits les plus malveillants d'incriminer ma conduite. On me reproche de m'être séparé de ceux qui signèrent un des plus honteux traité de notre histoire, traité qui consacra un assassinat politique en ratifiant la mutilation de la France...

Vous qui suivez attentivement la marche des évènements, vous pouvez, aujourd'hui, vous rendre compte de cet acte monstrueux et de ses épouvantables conséquences. On me reproche d'avoir protesté contre le traité de paix et de m'être rangé du côté de ceux qui n'avaient pas voulu livrer à l'ennemi les provinces les plus françaises de la France. Et cela au moment où la France s'effondre sous les conséquences désastreuses de ce traité, au moment où le numéraire a disparu, où la crise financière est là comme un gouffre béant, prêt à engloutir la nationalité française, au moment enfin où nos gouvernants fatigués et usés ne savent plus quelles mesures prendre pour ne pas sombrer et la nation avec eux !

Je ne suis qu'un pauvre jeune homme ; mais en face des éventualités terribles que la force des choses nous contraint à envisager, lorsque, d'une part, je pense aux milliards qu'il nous reste encore à verser dans la caisse prussienne, et de l'autre, à l'état d'épuisement dans lequel se trouve notre pauvre France, je ne puis m'empêcher d'être fier de ma ligne de conduite.

On me reproche aussi d'être venu me mettre au service des forces gouvernementales constituées à Paris, on m'accuse d'être socialiste, etc. : à mon âge je ne puis avoir étudié suffisamment la question pour me prononcer.

Je suis venu offrir mes services au gouvernement de l'Hôtel-de-Ville uniquement parce que le gouvernement de l'Hôtel-de-Ville était en opposition aux capitulards. Je n'ai pas d'autre raison à donner. Je reconnais qu'il y avait dans la Commune beaucoup d'hommes sans foi ni loi ; je flétris les excès qui ont marqué sa fin, de quelque part qu'ils soient venus. Les hommes, pour moi, sont peu de chose ; ils sont fragiles, passionnés, ambitieux. Tant qu'ils disent ou font des choses que j'estime justes, je suis avec eux ; si quelques jours ou quelques années après, ils se dévoient et disent ou font des choses injustes, je suis contre eux. Telle est et telle sera toujours ma ligne de conduite.

Lorsqu'on a fusillé le noble et infortuné Rossel, ma conscience s'est soulevé ; et en cela je crois n'avoir été que l'expression de la conscience publique. Je me suis constitué prisonnier afin d'être une protestation vivante contre cet acte sanguinaire. Mon cri d'indignation a été répété par tous les journaux ; quelques-uns m'ont raillé et insulté.

Adieu, mon cher ami, conservez-moi votre estime et votre amité. Rassurez mes parents; faites-leur comprendre que tout ceci n'aura qu'un temps, que les événements, plus forts que les hommes, y mettront fin et que je sortirai de l'épreuve plus pur et plus fort.

Je vous presse fraternellement la main.

JULES RENARD.

XXXII

A M. A. G.

Prison des Chantiers, 8 février 1871.

Mon cher ami,

J'ai reçu votre lettre hier et m'empresse d'y répondre. Vous me recommandez d'être calme : jamais je ne l'ai été davantage. Au conseil, aucune parole aigre ne sortira de ma bouche. Je sais bien qu'on ne me ménagera pas, mais je suis fermement résolu à conserver quand même ma sérénité. Cela me sera d'ailleurs très-facile dans les dispositions d'esprit où je me trouve.

J'ai le cœur serré, mais c'est surtout parce que je suis loin de vous, parce que les études sérieuses que nous avions commencées ensemble sont interrompues ; c'est parce que, seul, sans ami présent, sans confident intime de mes pensées, l'existence me paraît un fardeau.

Avez-vous quelquefois éprouvé l'impression de la solitude au milieu de la foule ? C'est ce que je ressens aujourd'hui. Je vis en compagnie de huit cents hommes, et il me semble être seul. C'est que tous ceux avec qui je suis en rapport ont, comme moi, leurs affections loin d'ici, et que pour eux, comme pour moi, rien ne peut suppléer à la famille ou aux amis absents.

Ami ardent de la justice et de la vérité, j'attends, la conscience tranquille, le sort, qui m'est réservé. Je me dis souvent que la justice des hommes est bien imparfaite. Je vais être déféré à des juges qui ne me connaissent pas, qui ne peuvent m'apprécier que sur le rapport de l'homme qui a été chargé de la redoutable mission de m'interroger... Quelle responsabilité terrible que celle d'un juge !

Vous savez que j'ai commencé à faire un cours de physique aux Chantiers. Ce cours est très-suivi. Vous serez sans doute bien aise d'en connaître le programme. Voici le sommaire des matières déjà traitées :

25 janvier. — Propriétés générales des corps.
27   »   — Des forces, du mouvement et de l'attraction universelle.
30   »   — Principe de Pascal. Presse hydraulique.

1er février, — Equilibre des liquides. — Niveau d'eau. — Puits artésiens.
3   »   — Principe d'Archimède. — Corps flottants. — Aréomètres.
6   »   — Propriétés des gaz. — Atmosphère. — Mesure de la pression atmosphérique.
6   »   — Construction et usage du baromètre.

Adieu, ne vous préoccupez pas de la condamnation qui pourra être prononcée contre moi. Pensez à ce vers de Corneille :

Le crime fait la honte et non pas l'échafaud.

Votre ami,

JULES RENARD.

XXXIII

A mes Parents

Prison des Chantiers, 2 avril 1872.

Mes chers et bien-aimés Parents,

Restez fiers de moi, car mon honneur est intact... La condamnation qui vient de me frapper sera surtout terrible pour vous, mais vous vous consolerez en pensant à la famille du noble et infortuné Rossel.

L'espoir vous reste, à vous.....

Voici ma peine : *Déportation dans une enceinte fortifiée.*

Je songe à vous et je pleure, mais je ne désespère pas.

Adieu, mes chers et bien-aimés parents, je voudrais pouvoir vous presser sur mon cœur.

Votre fils dévoué et affectueux,

JULES RENARD.

XXXIV

A M. Jules Renard.

Paris, 8 avril 1872.

Mon cher ami,

Du courage plus que jamais. Laissons le passé pour ne songer qu'à l'avenir. Je ne puis croire que vous ne soyez rendu avant peu à la liberté. Amnistie! Tel est le cri qui bientôt va sortir de toutes les poitrines, si, en France, il y a encore quelque sentiment d'honneur. Ah! je ne puis penser à vous sans douleur; à vingt-trois ans, être arraché à son travail, à ses amis, à sa famille! Il y a là de quoi briser le cœur le plus ferme. Mais patience et espoir : vous avez la foi, je suis sûr qu'elle ne faillira pas. Cette épreuve que vous allez subir, vous la supporterez vaillamment; il faut à toutes les grandes idées des martyrs, et si on peut vous accuser d'égarement, on est forcé de reconnaître que vos intentions étaient pures, que votre but était désintéressé, que votre unique mobile, c'était le salut de la France et de la République !...

A vous bien affectueusement,

P. S.,

Avocat à la Cour.

XXXV

A M. N. D.

Prison des Chantiers, 8 avril 1872.

Mon cher ami,

Je viens de prendre des mesures pour vous faire parvenir le compte-rendu de mon procès tel que le donnent les journaux. Je ne regrette qu'une chose, c'est que ce compte-rendu, très-sommaire, ne dise rien de la belle et chaleureuse plaidoierie de mon avocat et ami, M° S.

« O Renard! s'écria-t-il d'une voix émue, tu avais bien raison lorsque tu écrivais que la génération ramollie et débilitée qui a vécu sous l'empire ne te comprendrait pas ; mais ta conscience t'apppouve, et moi je t'approuve aussi. Les juges pourront te condamner, mais ils ne sauraient ni t'avilir ni t'abattre! »

Les juges eux-mêmes étaient touchés, et le président, le colonel D.., me donna la parole, m'invitant, à plusieurs reprises, à faire amende honorable, acte d'humilité. C'était me demander l'impossible.

« Vous êtes un révolutionnaire ! » finit-il par dire avec dépit ; et le conseil se retira pour délibérer.

Quelques minutes après, devant la garde assemblée sous les armes, on m'annonça que j'étais condamné à la déportation dans une enceinte fortifiée et à la dégradation civique.

Mes parents veulent cacher ma condamnation ; pourquoi ? Je n'ai rien à redouter de la publicité. Consolez-les, mon cher ami ; dites-leur bien que ce n'est qu'un mauvais moment à passer, que des jours meilleurs viendront, et que rien ne me causerait plus de peine que d'apprendre qu'ils pleureraient à cause de moi.

Courage et espoir ! Répétez sans cesse ces paroles à ma bonne mère.

Votre ami,

JULES RENARD.

XXXVI

A M. Victor Hugo.

Le 28 novembre 1871, vers les sept heures du soir, un jeune homme se présenta chez le commissaire de police du quartier Bonne-Nouvelle, à Paris, et lui fit la déclaration suivante :

— Monsieur, je viens vous faire connaître que j'ai été, pendant la Commune, secrétaire de Rossel, puis nommé par lui commandant d'état-major et chargé, à ce titre, de l'organisation des légions de la garde nationale. Rossel ayant été fusillé ce matin, je viens me constituer prisonnier, voulant, comme lui, répondre de mes actes.

Ces paroles, prononcées d'une voix ferme et brève, firent impression sur le commissaire de police.

— Monsieur, dit-il, quels sont les motifs qui vous poussent à agir ainsi ? Vous êtes sans argent, sans moyens d'existence ?

— Je ne suis pas sans argent, et j'ai des moyens d'existence.

— Vous êtes sans doute inquiété par la police, alors ?

— Nullement; je suis depuis deux mois à Paris; personne ne m'inquiète.

— Et vous venez vous-même vous livrer entre nos mains?

— Oui.

— Mais, monsieur, c'est très-grave, ce que vous faites-là. Pensez-y bien.

— J'y ai pensé.

— Et vous persistez?

— Je persiste.

Là-dessus, le commissaire de police appela son garçon de bureau et fit accompagner son prisonnier jusqu'au poste voisin.

C'était un lundi.

De temps à autre, le cabanon du poste s'ouvrait, et des agents y poussaient brutalement quelque malheureux sans asile ou quelque ivrogne infect.

Il est temps peut-être que vous le sachiez, le jeune dont il vient d'être question, c'est moi.

La veille de ce jour fatal, 28 novembre, j'avais appris de source certaine que Rossel serait fusillé dans les vingt-quatre heures. Quelle ne fut pas ma douleur!

Quoi! cette jeunesse austère, laborieuse, modèle! Quoi! cette grande âme, ce noble cœur, cette belle intelligence, ce brillant avenir, orgueil et bonheur de sa mère, on allait briser tout cela.

J'avais le cœur fendu, déchiré. Je me maudissais de vivre et d'être libre quand Rossel allait mourir. Une idée me vint subitement : me constituer prisonnier.

Cependant la liberté, mes parents, mes amis, les sciences qui faisaient le charme de ma vie, tout cela se dressait devant moi pour me dire :

— Ce sera une folie. A quoi bon ?

Et, d'autre part, la prison, l'isolement, l'abandon, les privations de toute sorte se présentaient à mon esprit.

Un combat intérieur s'était engagé en moi, lorsqu'une voix, la voix de ma conscience, froide, calme, inflexible, irrésistible, me cria ces paroles de Montesquieu :

— L'adversité est notre mère.

Et je choisis le chemin rude.

Aujourd'hui, je suis condamné à la déportation dans une enceinte fortifiée et à la dégradation civique.

Et je m'adresse à vous, illustre auteur des *Misérables*, pour vous prier de vouloir bien, s'il vous est possible, me faire parvenir ce

beau livre qui consolait Barbès dans son exil.
Votre respectueux,

JULES RENARD.

Prison des Chantiers, 9 avril 1872.

Réponse de M. Victor Hugo.

Paris, 11 avril.

Vous avez fait une action grande.
Vous ne pouviez être que condamné — ou glorifié

VICTOR HUGO.

Je vous envoie avec cette lettre les *Misérables*.

XXXVII

Extrait du *Rappel* du 19 juin 1872 :

Aux rédacteurs du *Rappel*,

Je reçois aujourd'hui, 17 juin, cette lettre du 27 mai.

Jules Renard est cet homme résolu qui poussé le respect de sa conscience jusqu'à se dénoncer lui-même. Il est en prison parce qu'il l'a voulu.

Je crois la publication de cette lettre nécessaire.

La presse entière s'empressera, je le pense, de la reproduire.

Cette lettre est remarquable à deux points de vue : l'extrême gravité des faits, l'extrême modération de la plainte.

A l'heure qu'il est, certainement, j'en suis convaincu du moins, Jules Renard n'est plus au cachot ; mais il y a été, et cela suffit.

Une enquête est nécessaire ; je la réclame

comme écrivain, n'ayant pas qualité pour la réclamer comme représentant.

Evidemment la gauche avisera.

VICTOR HUGO.

Prison de Noailles, cellule de correction, n° 74, le 27 mai 1872.

A Monsieur Victor Hugo,

De profundis, clamo ad te.

Je suis au cachot depuis huit jours pour avoir écrit la lettre suivante à M. le général Appert, chef de la justice militaire :

« Prison des Chantiers, 20 mai 1872.

« Monsieur le général,

« Nous avons l'honneur de vous informer que depuis quelque temps le régime de la prison des Chantiers n'est plus supportable. — Des provocations directes sont adressées chaque jour aux détenus en des termes qui, si ces faits se prolongeaient, donneraient lieu à des appréciations non méritées sur tout ce qui porte l'uniforme de l'armée française. Les sous-officiers employés au service de la prison ne se font aucun scrupule de frapper à coups de bâton sur la tête des prisonniers, dont ils ont la garde. Les expressions les plus grossières, les plus humiliantes, les plus blessantes, sont proférées contre nous et deviennent pour nous une continuelle excitation à la révolte.

« Aujourd'hui encore, le maréchal-des-logis D..., a frappé avec la plus extrême violence un de nos co-détenus, puis s'est promené dans les salles, un revolver dans une main, un gourdin dans l'autre, nous traitant tous de lâches et de canailles. Ce même sous-officier nous soumet depuis quelques jours à la formalité humiliante de la coupe des cheveux, et profite de cette occasion pour nous accabler de vexations et d'injures.

« Jusqu'ici, faisant effort sur nous-mêmes, nous avons contenu notre indignation, et nous avons répondu à ces faits, que nous ne voulons pas qualifier, par le silence et le dédain. Mais aujourd'hui la mesure est comble, et nous croyons de notre devoir rigoureux, monsieur le général, d'appeler votre attention sur ces faits que vous ignorez certainement, et de provoquer une enquête.

« Il ne s'agit pas, croyez-le bien, monsieur le général, d'opposition de notre part. Quelque dure que soit la consigne qui nous est imposée, nous sommes tous disposés à la respecter. Ce que nous avons l'honneur de vous soumettre, ce sont les excitations, les provocations, les voies de fait, dont le commandant de la prison donne l'exemple, et qui pourraient occasionner des malheurs. En un mot, il s'agit d'une question d'humanité, de dignité, à laquelle tout homme de cœur et d'honneur ne saurait rester insensible.

« Nous avons l'honneur d'être, monsieur le général, vos respectueux,

JULES RENARD.

« et une cinquantaine d'autres
« signataires. »

C'est pour avoir écrit cette lettre que je suis *jusqu'à nouvel ordre* dans un cachot infect, avec un forçat qui a les fers aux pieds, et cinq autres malheureux.

JULES RENARD,
Ancien secrétaire de Rossel.

XXXVIII

A. M. A. G.

Fort des Saumonards (Ile d'Oléron),
31 mai 1872.

Mon cher ami,

Je ne sais si vous avez appris la cause qui m'a mis dans l'impossibilité de vous écrire plus tôt. J'ai quitté la prison des Chantiers le 20 mai pour aller au cachot à Noailles où je suis resté jusqu'au 28 au soir. Puis j'ai été transféré à la rue Royale où je n'ai fait que passer, et de là à l'île d'Oléron où je suis arrivé hier à la tombée de la nuit. Mon départ précipité m'a empêché de régler différentes petites affaires ; je compte sur vous pour y mettre ordre.

1° On m'a retenu, au bureau du commandant, plusieurs paquets, entre autres un paquet de lettres. Je vous prie d'aller à Versailles et de réclamer ces paquets. Au besoin vous ferez usage de cette lettre. Si on vous les refusait, vous en informeriez M. S.., mon avocat, en le priant de faire les démarches nécessaires pour les obtenir.

2° Vous demanderez aussi les livres que j'ai laissés, où plutôt qu'on ne m'a pas donné le temps d'emporter, et pour cela vous ferez appeler M. P...; ces livres sont sur la planche, à côté de l'endroit où il couche.

3° Vous vous informerez enfin auprès de M. P... si le camarade que j'avais chargé d'encadrer mon portrait est encore aux Chantiers. Si oui, vous lui payerez cinq francs de ma part et vous prendrez le portrait que vous garderez pour vous.

Me voilà sur le chemin de la Nouvelle-Calédonie, mon cher ami ; je me console en pensant que l'absence ne saurait diminuer l'amitié qui nous unit.

Votre ami,

JULES RENARD.

XXXIX

A mes Parents.

En mer, 6 août 1872.

Mes chers et bons Parents,

J'ai, jusqu'au dernier moment, gardé le silence au sujet de mon départ pour la Nouvelle-Calédonie. Je ne voulais pas accroître votre douleur... Hélas ! c'est maintenant un fait accompli. On nous a embarqués ce matin à bord de la *Garonne*, et nous allons quitter la France...

Ah ! Parents bien-aimés, quel serrement de cœur j'éprouve en pensant à vous ! Si j'eusse pu seulement vous presser contre mon cœur avant mon départ, cela eût été au moins une consolation. J'eusse pu vous dire, en vous serrant dans mes bras, que cette séparation si dure, si cruelle, ne sera pas éternelle...

Oui, je reviendrai, mes Parents bien-aimés, je vous serai rendu un jour. Je n'ai jamais désespéré et je ne désespère pas encore; je ne désespérerai jamais. J'accepte avec résignation la pénible situation qui m'est faite. Oh! l'épreuve est terrible, surtout pour vous; mais prenez courage! Si je sais profiter de l'expérience qu'on acquiert forcément à l'école de l'adversité, rien ne sera perdu.

Nous voilà pour trois à quatre mois en mer; pendant ce temps, je ne cesserai d'être avec vous par la pensée. Ne me pleurez pas. Je ne suis pas malheureux : on n'est pas malheureux quand on a la conscience tranquille.

Ma santé est toujours aussi bonne que par le passé, et je trouve, au point de vue moral, de grands adoucissements à ma captivité dans les témoignages d'estime et de sympathie de mes camarades.

A la Nouvelle-Calédonie, je tâcherai, par une attitude digne et calme, de me faire respecter de tous ; mais, encore une fois, la séparation ne sera pas longue...

S'il est possible, je vous écrirai des différents points où nous relâcherons. Aussitôt notre arrivée à destination, c'est-à-dire dans trois à quatre mois, je vous en ferai également part.

Les mots me manquent pour vous exprimer les sentiments qui m'animent en ce moment ; mon cœur est trop plein.

Il me reste maintenant à vous communiquer une dernière volonté.

Je veux que vous ne cachiez ma situation à aucun de mes amis ; il faut que tous la connaissent. Je ne suis pas un criminel dont on a besoin de tenir secrets les actes. Ce que j'ai fait, je l'ai fait franchement, loyalement. Je puis m'être trompé ; mais ma conscience ne me reproche rien. Vous savez que mes juges eux-mêmes ont été obligés de constater l'austérité de ma vie et l'honorabilité de mon caractère. Je suis désolé d'avoir à écrire ici ces choses, mais je sais que, dans les petits pays comme le nôtre, on peut interpréter méchamment les actes et les intentions. Je ne crains pas la lumière, et si l'on peut, jusqu'à un certain point, m'accuser d'égarement, il est impossible que l'on m'attribue des actes ou des intentions criminelles.

D'ailleurs, nous qu'on arrache du sol français, nous ne cessons d'aimer la France ; nous avons le cœur gros en nous éloignant d'elle et nous continuons à former des vœux pour son bonheur et sa prospérité. Que la

République, pour laquelle nous avons combattu, s'établisse définitivement chez nous ; qu'elle passe dans les mœurs en même temps que dans les institutions, et nous serons satisfaits.

Tels sont mes vœux les plus chers en quittant la France.

Et j'ai tenu à vous en faire part afin qu'il n'y ait aucune équivoque là-dessus.

J'éprouve la plus vive et la plus entière douleur en pensant que je ne reverrai peut-être plus jamais mes chers et bien-aimés grands parents. Oh ! une larme bien grosse, je le sais, viendra mouiller leurs yeux quand ils auront connaissance de cette lettre... Mais qu'ils se consolent : leur enfant proscrit ne faillira jamais aux principes d'honneur qu'ils lui ont inculqués dans son enfance. Il mourra plutôt que de commettre une lâcheté.

La place me manque ; mais tous, parents, amis, je vous serre dans mes bras et vous presse contre mon cœur.

Votre fils dévoué,

Jules Renard.

XL

A M. P.

A bord de la *Garonne*,

Pour occuper mes loisirs, l'idée m'est venue de transcrire ici pour vous mes observations et mes impressions depuis notre départ de France.

9 août. — A six heures du matin, on lève l'ancre, et nous partons. Du sabord où je suis placé, j'aperçois dans la brume le fort des Saumonards où je viens de passer plusieurs mois. J'en ai gardé un bon souvenir, car j'y ai rencontré de vrais amis, de nobles cœurs. Là, pour adoucir les rigueurs de notre captivité, nous avions organisé une école. Je comptais, pour suivre mes cours de mathématiques, une douzaine de mes compagnons d'infortune. Nous nous estimions, nous nous aimions, nous nous consolions mutuellement. Aujourd'hui, nous voilà séparés. Mes élèves, à l'exception d'un seul qui vient avec nous à la Nouvelle-Calédonie, sont restés au fort des Saumonards. Adieu,

amis, jusqu'à ce qu'il plaise à nos gouvernants de vous envoyer nous rejoindre !

Non loin des Saumonards est un autre séjour qui arrête également ma pensée, c'est le fort Boyard. Il se dresse noir au milieu des flots qui viennent battre ses flancs et le couvrent d'écume. Il a servi de prison à un grand nombre de prévenus et de condamnés politiques ; je le salue avant de le voir disparaître. D'ailleurs les parages où nous sommes sont tristes. De quelque côté que je tourne mes regards, je ne vois que des lieux de proscription : l'île d'Aix, l'île Madame, l'île de Ré, l'île d'Oléron.... La *Garonne* nous emporte dans le golfe de Gascogne, et nous sentons tout ce qu'il y a d'amer dans ces mots de Virgile :

Nos patriæ fines et dulcia linquimus arva,
Nos patriam fugimus. . . . .

Nous sommes à bord de la *Garonne* environ 580 déportés.

10 août. — Nous voici dans le golfe de Gascogne. La mer devient grosse. Je n'ai guère dormi cette nuit. Nos hamacs étaient tellement rapprochés les uns des autres que le roulis les faisait s'entrechoquer. J'ai éprouvé cependant un certain plaisir à me

sentir ballotté, à entendre craquer les différentes parties du navire et mugir sourdement les vagues. — Ces forces déchaînées, ces flots qui écument et roulent les uns sur les autres, ce vent qui siffle à travers les mâts et les haubans, cette immense plaine liquide élèvent l'âme et la pensée en les tournant vers l'infini.

Ce matin nous avons lavé notre linge sale. La matinée s'est terminée par le nettoyage du pont, opération qui a lieu chaque jour. Je suis enchanté de la propreté exquise qui règne ici. Les travaux auxquels on nous occupe nous enlèvent aux rêveries douloureuses qui ne tendent que trop à nous absorber; en outre ils sont indispensables au point de vue hygiénique.

Le lieutenant de vaisseau commandant en second vient de réunir les chefs d'escouade, dont j'ai l'honneur de faire partie.

— Un déporté, dit-il, s'est mis dans un cas d'infraction à la discipline, et il subit en ce moment sa punition. Vous savez combien le réglement disciplinaire du bord est sévère; nous serons pour vous aussi bienveillants que possible, mais nous réprimorons rigoureusement toute tentative de désordre.

10 août, 4 h. du soir. — Nous venons de passer une heure sur le pont. La mer est mauvaise ; un certain nombre de mes compagnons sont atteints du mal de mer. Le roulis est très-intense, et un moment il nous a semblé, à voir les mâts penchés et le pont incliné, que la *Garonne* allait chavirer. Nous nous exagérons évidemment ces incidents ; car, à voir le commandant se promener calme et de pied ferme à côté de nous, nous ne pouvons attribuer qu'à notre ignorance et à notre inexpérience ces impressions que rien ne justifie.

Je n'oublie pas, malgré ma captivité, le grand anniversaire d'il y a aujourd'hui quatre-vingts ans. Le 10 août est une des sublimes journées de la Révolution. L'héroïque population des faubourgs y conquit l'immortalité.

11 août. — Le commandant nous a passés en revue ce matin. Très-bonne soupe et viande fraîche. Nous recevons la soupe par escouade ou groupe de dix, dans un baquet en bois ou seau. Comme nous n'avons ni vaisselle, ni gamelle, nous coupons notre

soupe ensemble; et l'escouade entière mange dans le même baquet.

12 août. — La manière dont nous buvons n'est guère agréable. A la partie supérieure d'un réservoir plein d'eau, appelé *charnier*, sont adaptés quelques suçons en bois. La soif nous oblige à aller, l'un après l'autre, y coller les lèvres.

Ce matin, c'était à mon escouade de laver le pont. Tout le monde y a mis de la bonne volonté et de l'entrain. Cet exercice ne peut être que salutaire à tous les points de vue.

14 août. — J'ai lu aujourd'hui un livre de Félix Mornand, intitulé *Garibaldi*, qui m'a fort intéressé. On ne saurait trop se nourrir de l'étude des grands caractères, si rares à notre époque : Victor Hugo, Garibaldi, telles sont les grandes figures de ce siècle. Tous deux sont vieux; tous deux disparaîtront bientôt de la scène du monde ; mais leur mémoire restera éternellement gravée dans tous les cœurs capables de grandes pensées et de grandes actions. Victor Hugo et Garibaldi ne sont pas les hommes d'un peuple, mais les hommes de l'humanité.

J'ai commencé hier un cours de chimie pour ceux de mes co-détenus qui voudraient acquérir quelques connaissances dans cette science. Aujourd'hui le docteur du bord a bien voulu m'offrir spontanément la chimie de Malaguti, que j'ai acceptée avec plaisir et reconnaissance. Déjà le lieutenant avait mis à notre disposition un tableau noir et de la craie.

15 août. — Des livres de mathématiques viennent d'être mis à ma disposition par un matelot. Je suis heureux des bons procédés des marins à notre égard. Ces rudes travailleurs, vivant continuellement au contact de la nature, ne partagent pas les idées étroites et mesquines des geôliers qui nous ont gardés jusqu'à présent. Les officiers et sous-officiers de marine sont des hommes instruits qui comprennent et apprécient les choses autrement que les officiers et sous-officiers de l'armée de terre. Je me plais à constater ce fait en passant.

Il y a aujourd'hui deux ans que je suis arrivé à Douai, où était le 17e chasseurs, dans lequel je venais de m'enrôler pour la durée de la guerre. Je me rappelle aujourd'hui, non sans douleur, l'inutilité du sacrifice que j'avais fait de grand cœur à la patrie. Naïf jeune homme, je croyais au dévouement, à l'abnégation, au patriotisme. Mais en France tout ressort était brisé. Des voix avinées souillaient le chant de Rouget de l'Isle. Affaissement, dégradation morale, défaites, hontes, lâchetés, capitulations, trahisons, infâmies insondables, tout s'est vu, dans cette année que notre grand poëte a justement appelée l'*Année Terrible.*

Le 15 août 1871 me retrouve dans un grenier. J'étais proscrit. J'avais assisté au carnage le plus épouvantable qu'œil d'homme puisse voir. J'avais vu les boulevards de Paris pleins de fumée et de combattants, des tas de morts... Ceux qui ont vu cela peuvent dire, comme Dante, qu'ils reviennent de l'enfer.

J'avais échappé. Fugitif et traqué comme une bête fauve, j'avais eu le bonheur de trouver un homme de cœur, Déroguerre, qui m'avait conduit, pendant la nuit, dans sa demeure, et caché dans son grenier. J'y étais le 15 août 1871, et je me rappelle y avoir pris le café avec ce généreux citoyen, sa femme et sa fille.

16 août, 3 heures après-midi. — Nous venons de passer notre heure sur le pont. Je suis resté tout ce temps silencieux et pensif. En rêvant, l'immensité devant les yeux, mon

âme est devenue triste. Ah ! cette belle nature, ces champs de lumière, ce grand et saisissant tableau ne sont-ils pas faits pour adoucir les hommes en les pénétrant de leur néant ? Le ciel et la mer : quel sujet de contemplation ! Les éléments, hier encore en furie se sont calmés; à peine une brise légère se joue dans les voiles. Les forces illimitées qui, naguère, se heurtaient formidablement, se sont équilibrées, et l'ordre, le calme, une douce paix s'est faite à la surface des eaux. Il y a quelque chose de plus magnanime que l'Océan en courroux, c'est l'Océan au repos. Oh ! qu'en présence de cette sérénité de la nature, la lutte devient dure et âpre ! Ma pensée flottante se reporte sur les miens. J'ai là-bas, bien loin derrière la brume, au-delà de ce vaste Océan, des parents qui me pleurent, et qui, hélas ! ne me reverront peut-être jamais ! J'ai laissé dans son lit, malade, infirme, ma bonne et vénérable grand'mère. Je suis sûr que, pendant ses longues nuits d'insomnie, elle ne voit qu'un point fixe, son petit-fils bien-aimé. Oh ! que son vieux cœur maternel doit souffrir, qu'il doit être serré et plein d'amertume. Qu'elle doit être déchirante pour elle, cette pensée :

Je ne verrai plus mon enfant ! O justice des hommes ! vous voulez punir un jeune homme, et vous tuez douloureusement une pauvre vieille femme, dont la vie n'a été qu'une bonne action continuelle. Vous frappez à côté. Je le proclame bien haut : quand même j'aurais eu des torts, quand même j'aurais commis des fautes, des actions blâmables, je ne puis être un criminel. Si j'ai été égaré, les privations de toute sorte qu'on m'a fait subir depuis neuf mois ont racheté mes erreurs, et je me sens pur sous le fouet de l'adversité.

18 août. — La chaleur commence à se faire sentir. La mer est très-calme ; nous marchons à la vapeur.

21 août. — Hier nous sommes montés sur le pont pour laver notre linge ; nous avons vu la terre à droite et à gauche. Nous sommes près du pic de Ténériffe ; demain ou après-demain nous passerons le tropique.

22 août. — Le lieutenant-commandant en second a réuni hier les chefs d'escouade, à propos d'un vol commis dans notre cage. Nous avons proposé qu'une fouille individuelle fût faite, — ce qui a eu lieu, mais

sans succès. — Alors le lieutenant nous a dit à peu près ces paroles :

— Le fait qui s'est passé est triste et regrettable, il ne devrait pas y avoir de voleur parmi vous. L'auteur présumé est aux fers depuis hier, mais je ne puis l'y laisser s'il y a doute. Je vous autorise donc à former entre vous une espèce de jury qui statuera sur cette affaire. Vous me ferez part de votre décision.

Nous ne pûmes qu'approuver ces paroles. Nous n'étions plus habitués depuis longtemps à un langage si calme et si digne.

Aujourd'hui la note suivante nous est communiquée :

« Les délégués sont autorisés à réunir les chefs d'escouade de leur compartiment en jury pour me proposer le renvoi de leur cage des hommes qui, par leurs mauvaises habitudes, leurs défauts ou toute autre cause, seraient une gêne ou un sujet de punition pour leurs camarades. Ces hommes seront mis à part dans la petite cage à tribord, qui jusqu'ici a servi de dépôt de vivres, et va se trouver disponible. »

22 août, soir. — Les chefs d'escouade de la batterie basse ont, après mûre délibération, et non sans un profond sentiment de tris-

tesse, décidé à l'unanimité qu'il y avait lieu de demander la séparation de cinq condamnés d'avec les autres.

27 août. — Nous sommes arrivés au Sénégal ce matin à huit heures; nous souffrons un peu de la chaleur, mais l'état sanitaire n'en est pas moins satisfaisant.

29 août. — Les indigènes viennent nous rendre visite dans leurs pirogues. Ils sont complétement noirs et très-agiles. Trois d'entre eux ont amené jusqu'à nous un bœuf dans un frêle esquif fait d'un tronc d'arbre creusé. Leur costume est des plus primitifs : tantôt un morceau de drap ou de toile, tantôt un simple mouchoir autour des reins. Ils nagent comme des poissons. Les officiers leur jettent des sous, qu'ils vont chercher au fond de l'eau. J'en ai remarqué un dont la figure paraissait très-intelligente, et je lui ai jeté quelques biscuits par un sabord.

Côté du Sénégal, 30 août soir. — Quelle chaleur ! Nous sommes comme dans un enfer. Quelqu'un qui nous verrait, soudain, dans notre cage, reculerait épouvanté. Nous sommes-là — je parle de notre cage seulement — cent-soixante malheureux, deminus. Nous étouffons. La chaleur fait ruisseler la sueur sur nos membres, et cette sueur, en s'exhalant, produit une odeur infecte. Figurez-vous des groupes humains, pieds nus, tête nue, le corps nu jusqu'à la ceinture : telles sont les conditions misérables dans lesquelles nous vivons.

9 septembre. — La journée d'hier, qui était un dimanche, a été employée à célébrer le passage de la Ligne. Nous n'avons pu assister à cette fête, que j'eusse été curieux de voir ; à en juger par la musique, les cris, les danses, les déguisements, le baptême de la Ligne est un vrai carnaval.

12 septembre. — La mer est mauvaise. Les lames viennent à chaque instant nous inonder. La température est bien moins élevée qu'au Sénégal. Il fait beaucoup de vent. Cette nuit, j'avais froid dans mon hamac.

29 septembre. — Depuis quelques jours, il fait un froid intense, la mer est houleuse, et nous sommes très-mal nourris. Nous n'avons qu'une fois du pain par jour, et la viande qu'on nous sert est vraiment de la *vache enragée*. Les bœufs destinés à notre alimentation ont été pris au Sénégal ; ils étaient, à l'embarquement, de qualité médiocre, et ont

encore maigri depuis par suite du froid et de la mauvaise nourriture.

Nous sommes, paraît-il, à 46° dans le Sud et sur le méridien du Cap.

Vendredi, 4 octobre. — Extrait du cahier de notes d'un de mes camarades :

« Notre ami Jules Renard est mis arbitrairement au cachot, n'ayant pas voulu se dessaisir d'un manuscrit, à lui appartenant, qui était demandé par le capitaine d'armes. La protestation suivante, revêtue d'environ cent signatures, est immédiatement adressée au commandant de la *Garonne* :

« Commandant,

« Nous, déportés et co-détenus de Jules
« Renard qui vient d'être mis au cachot,
« protestons énergiquement contre l'acte
« arbitraire dont il est victime. Nous repous-
« sons tout abus de la force tendant à nous
« imposer silence, et dénions à qui que ce
« soit le droit d'empêcher les hommes de se
« communiquer leurs idées par quelque
« moyen que ce puisse être.

« Nous espérons, commandant, que, re-
« venu sur une décision irréfléchie d'un de
« vos subalternes, vous voudrez bien nous
« rendre le citoyen Jules Renard. »

Dimanche, 6 octobre. — Le commandant vient me visiter et lève ma punition.

11 octobre. — Lavage, malgré un froid des plus intenses. Plusieurs de mes camarades sont tombés raides sur le pont.

Dimanche, 20 octobre. — Un de nos compagnons d'infortune étant mort hier, d'une congestion cérébrale, le commandant en second nous a prévenus ce matin qu'une délégation de déportés pourrait assister à son immersion. Cette triste cérémonie devait avoir lieu aujourd'hui à six heures du soir.

Un ami du défunt, pensant qu'un mot d'adieu parti du cœur ne serait pas déplacé dans cette douloureuse circonstance, fit remettre au lieutenant le texte des paroles qu'il se proposait de prononcer au nom de tous. Mais le lieutenant répondit par les deux lignes suivantes :

« Les immersions à bord se font toujours avec une extrême simplicité; il n'y a pas lieu, dans le cas actuel, de sortir de cette règle absolue et de prononcer des discours. »

Par respect pour la discipline du bord, nous avons renoncé, non à notre discours — nous n'avions pas l'intention d'en faire un — mais au simple adieu que nous désirions adresser à notre infortuné camarade

Un mot maintenant sur l'immersion.

Le corps, recouvert d'un drap noir, était placé sur une planche à l'ouverture d'un sabord. Les médecins se tenaient auprès. Un roulement de tambour retentit, et l'aumônier entra. Il se plaça en face du cadavre et pria pendant sept à huit minutes. Pendant ce temps, le vent, s'engouffrant par le sabord, faisait frissonner les assistants. Quand le prêtre eut fini, on fit basculer la planche et notre camarade glissa à la mer.

24 octobre. — Nous sommes à 800 lieues de Nouméa. La température s'est adoucie considérablement, mais le vent souffle toujours.

31 octobre. — Nous avons lavé nos hamacs ce matin. Le temps est assez frais. Il nous restait encore hier à midi 375 lieues à parcourir.

4 novembre, 9 heures du matin. — Il paraît que nous sommes seulement à trente lieues de Nouméa.

5 novembre. — Hier, vers cinq heures du soir, le maître mécanicien passait en courant devant notre cage pour aller chercher le lieutenant. Tous deux descendirent vivement

à la cale; le feu était à bord. L'équipage courut aux pompes et, en quelques minutes, l'incendie fut étouffé.

Dans la soirée, quelques-uns de mes camarades ont aperçu un phare.

Aujourd'hui, à huit heures du matin, nous sommes au milieu des bancs de coraux qui entourent la Nouvelle-Calédonie.

8 novembre. — Nous débarquons aujourd'hui à une heure.

XLI

A M. P.

Presqu'île Ducos, 1ᵉʳ février 1873.

Mon cher compatriote,

Veuillez me permettre de vous adresser quelques mots sur la situation faite aux déportés à la Nouvelle-Calédonie. Quoique ces condamnés aient été mis au ban de la société, ils n'en restent pas moins français, et, à ce titre, ils ne peuvent se résigner à croire que les hommes de cœur, leurs compatriotes, se désintéressent complètement de tout ce qui a rapport à leur mode d'existence. Aussi, est-ce avec une confiance entière que j'ai pris la résolution de m'adresser à vous.

Les trois transports la *Danaë*, la *Guerrière* et la *Garonne* ont débarqué, dans la rade de Numbo à la presqu'île Ducos, trois cent soixante-neuf condamnés à la déportation dans une enceinte fortifiée. Tous les préparatifs faits par l'administration coloniale se réduisaient, lors de l'arrivée de ces transports, à l'établissement de vingt-cinq tentes en bois, bien insuffisantes, vu l'effectif des déportés. Ces tentes ont environ cinq mètres de long sur quatre mètres de large. On s'y serra le plus possible sans pouvoir arriver à s'y loger tous. L'administration, voulant réparer son imprévoyance, délivra des tentes en toile à ceux qui ne purent trouver place dans les baraques en bois.

La nourriture est celle du soldat aux colonies, sauf la ration de vin. On nous distribue chaque matin, pain, viande, etc., et nous devons faire notre cuisine nous-mêmes. C'est là tout un problème à résoudre. Pour tous ustensiles culinaires, nous avons, par groupe de dix, un bidon et une grande gamelle de campement. Chacun possède en outre la cuiller qui lui a été donnée en quittant la France. Et c'est tout. Ni fourchette, ni couteau, ni gamelle individuelle. On comprendra facilement que, dans ces conditions, notre vie n'est pas précisément celle des Sybarites. Nous faisons notre feu en plein air, avec du bois sec que nous allons ramasser dans la forêt voisine.

Pour coucher, nous avons un hamac de matelot. Chacun l'accroche où il peut. Ni bois de lit, ni outils d'aucune sorte n'ont été mis à notre disposition. Un grand nombre de déportés couchent encore maintenant sur le sol. On eût dû, à notre arrivée, nous distribuer des draps de lit et des chapeaux de paille, objets indispensables dans ce pays, où l'on ne peut dormir sans moustiquaire, et où les insolations sont fréquentes — mais on n'en a rien fait. — Ce n'est qu'après quatre mois de séjour qu'on s'est enfin décidé pour les draps. Ne désespérons pas ; les chapeaux de paille viendront sans doute dans le courant de cette année.

Jetés sur une plage déserte, aride, où ne croissent que des arbres rabougris, où l'herbe paraît calcinée, nous sommes presque tous tombés malades à notre arrivée. La vie anormale que nous avons menée depuis deux ans, tant sous le premier siége que sous la Commune et pendant notre captivité dans la mère patrie, la longueur d'une traversée dans des conditions pénibles, avaient, il est vrai, délabré la santé d'un grand nombre, — plusieurs même avaient succombé en route.

En mettant le pied sur cette terre qu'on a, dans un style officiel, qualifiée de *terre pro-*

mise, des perturbations graves n'ont pas tardé à se manifester dans notre organisme. Les fièvres, la colique, la diarrhée, la dyssenterie, des maux de tête accablants ont sévi avec violence. Bientôt nous eûmes la douleur d'inaugurer le cimetière de la déportation. Nous y conduisîmes notre premier mort, silencieux et recueillis. Quatre condamnés avaient chargé le cercueil sur leurs épaules et tous les autres déportés suivaient derrière. Aucune route n'était encore tracée. Nous marchions dans l'herbe, montant et descendant les côteaux, à l'ombre des niaoulis. C'était le matin à six heures. Le soleil s'élevait à l'horizon, et ses rayons dissipaient la brume. Aucun prêtre ; quelques gardiens représentaient l'autorité civile. Aussitôt que le corps fut déposé sur le bord de la fosse, ces messieurs se retirèrent. Quand la première pelletée de terre fut jetée sur le cercueil, un déporté, un vieillard, prononça ces simples paroles :

— Adieu, frère !

Et nous reprîmes, muets et pensifs, la direction de nos cases.

Ainsi eut lieu l'inauguration du champ de la mort dans la terre d'exil. Depuis, deux autres sont allés prendre place dans le froid lit de terre à côté du premier tombé. Et trois petits tertres s'élèvent maintenant dans ce lieu solitaire, au bord de la mer, sous l'ombrage des niaoulis et des palétuviers.

Il est inutile de parler des souvenirs poignants qui nous accablent. Nous sommes comme morts pour nos amis et nos familles, et réciproquement. Quoi de désespérant comme d'être privé de ces relations si douces et si réconfortantes ! Outre que nos lettres, pour arriver, mettent un temps considérable, nous gardons toujours l'arrière-pensée qu'elles sont soumises à un examen, et qu'elles peuvent être interceptées pour une raison ou pour une autre. Il en est de même de celles qu'on nous adresse. Depuis quatre mois, à peine quelques rares privilégiés ont pu tenir un mot de leurs parents.

Enfin le désœuvrement nous tue. Comment, en effet, passer ces longs jours de nostalgie ? Un certain nombre de déportés, il est vrai, travaillent pour le génie militaire ; ils sont payés vingt quatre sous par jour, quand la journée moyenne de l'ouvrier, à Nouméa, est de douze à quinze francs.

Nous ne pouvons dormir la nuit à cause

des moustiques ; quand le matin vient, nous sommes plus fatigués, plus affaissés qu'en nous couchant. Que faire ? Le temps se passe en rêveries douloureuses. On songe à sa famille, au foyer absent ; celui-ci à son vieux père, celui-là à sa mère en larmes ; l'un à ses enfants, dont il ignore le sort ; l'autre à sa jeune femme. Tous à la patrie.

Oh ! la Patrie existe ! Elle seule est terrible,
Elle seule nous tient par un fil invisible ;
Elle seule apparaît charmante à qui la perd ;
Elle seule, en fuyant, fait le monde désert ;
Elle seule à ses champs, hélas ! restés les nôtres,
A ses arbres, qui n'ont point la forme des autres,
A sa rive, à son ciel, ramène tous nos pas !

Mes respectueux hommages à l'illustre auteur de ces vers.

A vous de cœur.

JULES RENARD.

XLII

A Madame ···

Baie N'gi, 3 août 18.8.

. . . .

A notre arrivée à la presqu'île Ducos, on nous fit camper au bord de la mer, dans l'échancrure d'une baie appelée Numbo. Nous logions, par groupe de dix, sous des tentes où le soleil, la pluie et les moustiques avaient accès. Cette vie en commun, pêle-mêle, était pleine d'ennuis de toute sorte. Les caractères étaient aigris; beaucoup d'entre nous étaient souffrants, malades. Plusieurs cherchèrent dès lors à se construire des habitations particulières, afin d'être plus tranquilles. Je ne fus d'abord pas de ce nombre. Je souffrais de la poitrine par suite du froid que j'avais eu à bord de la *Garonne*, où l'on m'avait mis au cachot par 52 degrés de latitude. Je dus me soigner. Quand ma santé fut rétablie, je songeai, à mon tour, à bâtir ma petite case. Je choisis pour cela un emplacement paisible, de l'autre côté de la colline qui limite la baie de Numbo, au bord de la mer, entre deux bouquets d'arbres toujours verts. En un mois, mon habitation fut debout. C'est là que je demeure, solitaire. Cet endroit s'appelle *N'gi*. Depuis, je me suis tracé un jardin où je cultive des légumes et des fleurs.

Je me lève de très-bonne heure. Le coup de canon de cinq heures annonçant l'ouverture de la rade me sert de réveille-matin. Je m'arme aussitôt d'une pioche, d'une bêche ou d'un rateau et je travaille à la terre une heure ou deux. De jolis petits oiseaux verts, rouges, de toutes couleurs, viennent sautiller autour de moi avec une familiarité charmante. Je les aime beaucoup et je crains toujours de les effaroucher.

Après avoir jardiné, je m'occupe de sciences jusqu'au déjeuner ; puis je vais me promener sur la plage, où je ne tarde pas à rencontrer quelques amis, toujours les mêmes, jeunes gens pleins de cœur, instruits et bien élevés. Nous échangeons de cordiales poignées de main et nous causons...

Ces camarades et moi, nous cherchons des consolations dans l'étude, et nous tâchons, par une occupation de tous les instants, de nous dérober à la nostalgie.

A quatre heures, mes amis retournent à la baie de Numbo, et je reste seul. Je me promène jusqu'à la nuit, pensant à ceux que j'aime, à ceux qui existent encore et à ceux qui ne sont plus. Puis je rentre à la nuit, je dîne et je me remets au travail jusqu'à onze heures.

Voilà, madame, comment nous occupons notre exil, mes amis et moi. Nous évitons tout ce qui peut nous diviser. Et, la conscience calme, nous attendons de meilleurs jours.

JULES RENARD.

XLIII

A M. le gouverneur de la N   -
Calédonie.

Presqu'île Ducos, 11 août 1878.

Monsieur le Gouverneur,

J'ai l'honneur de porter à votre connaissance les faits suivants, sur lesquels je me permets d'appeler votre haute attention.

Livré à mes seules ressources, j'ai fait construire, après en avoir régulièrement obtenu l'autorisation, une petite chaumière, baie N'gi (presqu'île Ducos). Derrière cette chaumière, je me suis tracé un jardin, que j'ai commencé à mettre en culture, après avoir eu soin de l'entourer de fossés, et de pieux reliés par des lianes ou des cordes.

Au bout de deux mois de travail, mon jardin commençait à rapporter quand, dans la nuit du 1er au 2 août, les chevaux du commandant y pénétrèrent, avec bris de clôture, et le ravagèrent. Le même fait s'était déjà produit plusieurs fois au préjudice de quelques-uns de mes camarades, et M. Pouzolz, le premier commandant de la presqu'île, avait offert d'en tenir compte aux intéressés, après constatation des dégâts.

J'écrivis donc à M. le commandant territorial la lettre suivante :

« Baie N'gi, presqu'île Ducos, 2 août 1878.

« A M. le commandant territorial de la presqu'île Ducos,

« Le déporté Jules Renard a l'honneur de vous informer que, la nuit dernière, vos chevaux ont pénétré dans son jardin, baie N'gi, avec bris de clôture, et l'ont ravagé. Il vous invite, en conséquence, à s'entendre avec lui pour l'estimation des dégâts commis. Autrement il se verrait dans l'obligation d'en référer au gouverneur ou aux tribunaux de Nouméa.

« JULES RENARD. »

En réponse à cette lettre, je reçus le 4 août matin la visite d'un capitaine d'infanterie de marine dont j'ignore le nom.

Cet officier, commandant par intérim, se présenta chez moi d'une façon regrettable, ne daigna même pas descendre de cheval pour constater les dégâts, dit que la clôture de mon jardin était dérisoire, et qu'il m'apprendrait que ses chevaux peuvent librement circuler dans la presqu'île, ainsi que beaucoup d'autres choses.

Ces paroles me froissèrent profondément. J'essayai de lui présenter quelques observations, mais il ne m'écouta pas, et tourna bride.

Convaincu d'être dans mon droit strict, et me trouvant d'ailleurs sous l'impression des paroles relatées ci-dessus, j'écrivis à ce capitaine la deuxième et dernière lettre que voici :

« A M. le commandant territorial
de la presqu'île Ducos.

« Je me permettrai de vous faire observer que je ne m'étais adressé à vous que pour l'estimation des dégâts commis. La façon dont vous vous êtes présenté chez moi m'a suffisamment renseigné sur ce que je pouvais attendre de vous. Vous avez cru bon de me donner pour explication que vous m'apprendriez que vos chevaux peuvent librement circuler dans la presqu'île et beaucoup d'autres choses. C'est une prétention.

« J'ai l'honneur de vous informer que je vais en référer au gouverneur de la colonie.

« Jules Renard. »

Le lendemain, 5 août, le même officier m'envoya deux agents avec ordre verbal de m'arrêter et de me conduire en prison. Je dis à ces derniers que je ne m'y rendrais que quand ils me présenteraient un ordre écrit et signé du commandant. Le jour suivant, ils revinrent, munis de cette pièce : je me rendis aussitôt.

Depuis, je suis en cellule. On dit que j'en ai pour quinze jours. Je les subirai avec calme ; mais je crois avoir le droit, et je pense même qu'il est de mon devoir, de vous exposer ces faits dans toute leur vérité, estimant qu'ils sont de ceux que ne doit pas ignorer le chef de la colonie.

Je vous prie de vouloir bien m'accuser réception de cette lettre, qui vous sera transmise par la voie hiérarchique, conformément aux règlements.

J'ai l'honneur d'être, monsieur le gouverneur, votre respectueux,

Jules Renard.

XLIV

A M. P.

Presqu'île Ducos, 7 septembre 1873.

Relégués dans un pauvre petit coin de terre d'aspect misérable, resserrés, comprimés, privés des joies saintes de la famille, l'éternelle nature, avec ses milles variétés, s'offre à nous et vient ainsi remplir en partie ces vides immenses qu'ont laissés dans nos âmes tant d'affections brisées. C'est une grande consolation et une bien douce jouissance que de pouvoir lire ce beau livre toujours ouvert.

Tantôt, c'est la nuit. La lune, pâle et sereine, se promène silencieusement dans les cieux ; au loin, les montagnes, dont elle argente les cimes, ressemblent à des sentinelles géantes veillant sur nous. Nous quittons alors notre hamac pour courir par vaux et par monts, et nous sentons le calme nous pénétrer par tous les pores. Les nuits de

France n'ont rien de comparable à celles de ce pays.

Tantôt le ciel se couvre. L'atmosphère devient lourde, noire, accablante ; l'eau de la mer paraît sinistre ; on voit les oiseaux marins, en foule, se réfugier sur la côte. Soudain tous les éléments sont déchaînés. La mer se soulève, écume, vient battre avec furie les rochers du rivage ; la pluie tombe à verse ; l'ouragan impétueux ébranle tout. Des milliers de torrents se forment et descendent avec fracas des montagnes. Puis tout se calme ; un rayon de soleil et quelques heures de vent sèchent le sol, et toute trace de l'orage a disparu.

Combien différentes, hélas ! sont les tempêtes humaines ! Il y a bientôt trois ans que, battus du vent contraire, nous sommes plongés au plus profond de l'abîme. Et il semble que la colère de nos adversaires ne soit pas encore apaisée. Pour beaucoup, cependant, cette colère a été mortelle. Combien sont tombés pendant les journées de mai 1871, combien sont morts dans les prisons de la mère-patrie, sur les pontons, et durant ce long voyage de France en Calédonie. Et, depuis qu'on nous a débarqués sur cette triste lande océanienne, combien des nôtres n'avons-nous pas déjà dû conduire à leur dernière demeure !

On compte sur les déportés, dit-on, pour coloniser. C'est se faire la plus étrange illusion. Comment veut-on que des hommes vaincus, brisés, humiliés, ayant le deuil au cœur, travaillent, fassent des efforts pour la réalisation des désirs de ceux qui les ont terrassés ! C'est impossible. Il n'y a rien à attendre de ces hommes, subissant la déportation, mais ne s'y résignant pas. D'ailleurs ne serait-ce pas supposer toutes les fibres de la dignité humaine rompues ou émoussées chez eux, que de croire qu'ils auraient tout oublié, et leurs souffrances passées, et leur situation présente, et leurs familles dans la misère, et leur avenir brisé, et la calomnie dont on les a abreuvés depuis leur défaite ?

Vous pouvez affirmer hautement qu'on ne fera jamais rien ici, hors tuer des hommes par l'ennui et les privations.

Je sais qu'on nous voit en France sous un jour bien sombre. Qu'on se rappelle ces paroles de Louis Blanc : « Le nom des vaincus, qui l'ignore ? est exposé à la souillure de bien des mensonges, quand ce son les vainqueurs qui règnent, qui ont la parole ou qui tiennent la plume. »

Ah! il faut bien que nous trouvions en nous-mêmes et dans le spectacle de la nature, des consolations à nos maux puisqu'on nous a murés pour notre famille et nos amis!

Qu'il a bien compris notre situation, l'illustre poète Victor Hugo, lorsqu'il a écrit :

Quoi ! disent-ils, ce ciel où je me réchauffais,
Je ne le verrai plus ! On me prend la patrie !
Rendez moi mon foyer, mon champ, mon industrie,
Ma femme, mes enfants ! rendez-moi la clarté !
Qu'ai-je donc fait pour être ainsi précipité
Dans la tempête infâme et dans l'écume amère,
Et pour n'avoir plus droit à la France, ma mère !

La patrie, oui, c'est bien elle que nous pleurons. Et quand nous cherchons dans les grandes scènes de la nature quelque chose qui élève nos esprits et nos cœurs pour tenir tête à l'adversité, c'est toujours à toi, ô France, c'est toujours à tes sites, à ton climat, à ton sol sacré dont on nous a chassés, que nous reportons nos pensées.

Notre imagination franchit d'un bond l'espace immense qui s'étend entre tes rives et celles de cette île stérile ; nos geoliers ne gardent que notre corps, notre âme est avec toi !

JULES RENARD.

XLV

A M. ***

Presqu'île Ducos, 31 décembre 1875.

Nous sommes au trente-et-un décembre. Encore une année qui s'achève. Pour la quatrième fois, nous allons voir luire le soleil du premier janvier sur la terre néo calédonienne. Un soleil éblouissant, dévorant, qui fait pâlir la verdure des arbres et jaunir les flancs des montagnes. Le thermomètre marque trente-neuf degrés à l'ombre. C'est le temps des bains ; l'eau est tiède, le sable de la plage brûlant. Avec quelle volupté nous nous plongeons dans l'onde transparente ! Mais il faut de la prudence ; car si les requins sont peu à craindre, on ne badine pas avec les insolations, souvent mortelles ; on ne joue pas non plus avec la consigne. Les règlements nous interdisent d'aller en mer au-delà de deux cents mètres : malheur au nageur qui, en tirant sa coupe, mettrait en oubli cette importante prescription.

Harponné tout nu comme un phoque par les matelots des stationnaires, il aurait beau se débattre, on le conduirait dans le simple appareil d'un caleçon de bain — en admettant qu'il fût muni de ce vêtement rudimentaire — à bord d'un navire de l'Etat, puis de là à la prison de la presqu'île où il pourrait réfléchir, mais un peu tard, aux inconvénients de tirer sa coupe en dehors des limites fixées par l'administration.

Les bains — il s'agit toujours des bains de mer, puisqu'il n'y a ici aucun cours d'eau — font une heureuse diversion aux chaleurs insupportables de cette époque de l'année. Pendant que vous grelottez en France, nous rôtissons en Nouvelle-Calédonie. De dix heures du matin à une heure de l'après-midi, il faut absolument et littéralement se blottir dans sa coquille ; je crois du moins qu'il convient d'appeler de ce nom nos cellules qui ont, la plupart, deux mètres sur trois. Pendant ce temps-là, les uns dorment — je regrette de ne pouvoir compter parmi ces Sybarites — d'autres jouent aux cartes, aux dominos, aux échecs ou aux dames, d'autres racontent, pour la millième fois peut-être, leurs prouesses sous la Commune, d'autres enfin lisent. Ces derniers forment le petit nombre. Mais comment trouver de la lecture depuis le premier janvier jusqu'à la saint Sylvestre ! C'est impossible. On relit donc deux, trois, dix fois les mêmes bouquins. L'essentiel est de tuer le temps, et pourvu qu'on y arrive, tous les moyens sont bons.

Ceux qui sont le plus à plaindre sont ceux qui se laissent aller à la rêverie. La rêverie ne vaut rien pour les gens accablés. C'est un poison. Victor Hugo a dit : « On peut s'empoisonner avec des rêveries comme avec des fleurs. » Rien n'est plus vrai. Malheur à celui qui, dans l'adversité, met le pied sur la pente fatale de la rêverie ! Dans notre situation, la rêverie prend un caractère plus particulièrement douloureux. On a laissé derrière soi, en France, un père, une mère, une épouse, des frères, des sœurs, des enfants dont on est sans nouvelles. On y pense le jour, on y pense la nuit, on en a la fièvre. Enfin le courrier arrive : on se précipite à la poste, on se sent trembler, le souffle manque, la poitrine bat : vaines émotions ! Le courrier n'a rien apporté. On baisse la tête et on s'en revient le cœur gros. On se demande : Que font-ils ? Oublient-ils ! Sont-ils malades?

Ont-ils cessé d'être ? Terribles points d'interrogation, doute affreux, poignant, qui s'empare de l'âme du captif et la ronge comme un ulcère.

Les parents, les amis qui sont restés en France, ne se font aucune idée du plaisir qu'ils nous procureraient en nous écrivant de temps en temps. Il y a des mères qui ne daignent pas envoyer un mot de consolation à leur enfant proscrit. Témoin celle qui, récemment, fit répondre à son fils qu'elle se portait bien et que si elle ne lui écrivait pas, c'est parce qu'elle n'avait pas d'argent à dépenser inutilement. Ceci fut affiché à la presqu'île Ducos, l'information étant venue par voie ministérielle. Si indigne qu'elle soit, elle n'est pas unique en son genre : des notifications analogues ont été faites à d'autres condamnés. Il y a, du reste, un moyen de se rendre compte de la profondeur de l'oubli dans lequel nous sommes plongés ; il consiste à compter le nombre de lettres distribuées par chaque courrier. A en juger par la progression décroissante à laquelle nous assistons depuis quelque temps, nous pouvons prédire d'avance, sans crainte de nous tromper, l'époque où la réception d'une lettre de

France sera un événement dans la déportation.

Donc, pas ou peu de lettres; encore moins de journaux; par suite, sans nouvelles du dehors et obligés de nous replier sur nous-mêmes. Pas de distractions. Nul sujet de conversation, hormis la Commune, les pontons et les prisons de Versailles. Pour mon compte, j'ai les oreilles rebattues de toutes ces vieilles histoires. Je ne veux plus en entendre parler, et si, par malheur, je tombe dans un groupe où elles se débitent, je commence par me sauver à toutes jambes. Il faut bien cependant s'entretenir de quelque chose, et si l'on va au fond de la situation, on est obligé de reconnaître que les langues bien pendues n'ont d'autre alternative que de pérorer sur la Commune ou de dire du mal de leur prochain. En somme, il vaut encore mieux qu'elles pérorent sur la Commune; cela, du moins, ne cause préjudice à personne.

Il ne faut pas pourtant que, dans ma mauvaise humeur, je me laisse aller à vous peindre la déportation sous des couleurs trop sombres. Je tiens seulement à vous en dire assez pour que vous vous rendiez compte de l'ennui profond que j'ai laissé percer, un peu malgré moi, dans mes lettres antérieures.

Adieu, je vous envoie mes souhaits de bonne année.

Jules Renard.

XLVI

A. M. ***

Prison de la Presqu'île Ducos,
23 février 1876.

Mon cher ami,

Je ne comptais pas vous écrire par ce courrier; mais il vient de se produire un incident tellement important que je crois devoir vous en faire part. Voici les faits dans toute leur vérité.

L'an dernier, avant l'arrivée de M. de Pritzbuër, le gouverneur actuel de la Nouvelle-Calédonie, l'idée m'était venue d'écrire un compte-rendu de la situation faite aux déportés à la presqu'île Ducos. Dans ma pensée, ce travail devait établir l'état de choses existant à l'avènement de l'administration nouvelle, laquelle, disait-on, avait sérieusement l'intention de favoriser le développement de la colonisation par le moyen des déportés. Comme on n'avait à peu près rien fait jusqu'alors, ou du moins très peu de chose, j'avais cru qu'il était bon que l'on apprît, autrement que par les rapports officiels, où l'on en était, pour que plus tard on pût savoir d'où l'on était parti.

Mon mémoire, daté du 1er mars 1875, fut donc expédié une première fois au mois de mars ou avril de l'année dernière par l'entremise d'une personne qui, je crois, trompa ma confiance. Les choses en étaient restées là jusqu'à ces jours derniers, lorsqu'une autre occasion de faire parvenir en France ces quelques pages déjà bien vieilles vint se présenter à moi sans que je la cherchasse le moins du monde ; j'hésitai d'abord, puis enfin je me décidai, un peu, je dois le reconnaître, par dépit d'avoir été joué une première fois.

La semaine dernière je remis donc à cet effet mon manuscrit sans y changer un iôta, à un de mes compagnons qui s'était déjà abouché avec un jeune homme sur le point de partir en France par le *Rhin*. Ce jeune homme, fils d'un déporté décédé dans la colonie, était alors à l'hôpital de la presqu'île en attendant son embarquement. Il partit dimanche 20 courant à la première heure du jour.

Le lendemain, entre dix et onze heures

du matin, le déporté qui s'était chargé d'envoyer mon mémoire à son père demeurant à Paris, fut arrêté et conduit en prison. Je l'y suivis quelques instants après et j'y suis, depuis lors, pour un temps qui, à l'heure présente, reste encore indéterminé.

Mais qu'importe après tout ? La vérité finira bien par se faire jour, et j'espère que, comme dit l'Evangile, chacun recueillera ce qu'il a semé.

Je vous écris cette lettre par un temps épouvantable. La pluie tombe à verse, le vent souffle avec une violence extrême et s'engouffre dans la prison par les quatre petites ouvertures grillées et non vitrées destinées à nous donner de l'air et de la lumière. Le vent augmente d'intensité à mesure que j'écris. C'est un cyclone. On m'apprend à l'instant qu'il cause des ravages inouïs. Le toit de l'hôpital est enlevé. La nuit tombe. Que de dégâts vont être constatés demain ! Je vous quitte sous cette triste impression.

Votre tout dévoué,

JULES RENARD.

24 février, 6 h. matin. — Je rouvre ma lettre ; ce que j'ai à vous dire mérite ce supplément. Le temps que je vous ai signalé hier au soir, n'a fait qu'empirer jusqu'à une heure avancée de la nuit. Jamais je n'ai entendu de voix plus épouvantable que celle de l'ouragan qui est venu s'abattre hier sur la presqu'île Ducos. Nous sentîmes, quelques instants après que j'eus clos ma lettre, la prison trembler. Soudain, un craquement formidable se fait entendre ; puis ce sont des cris de détresse non moins effrayants. Voici ce qui était arrivé :

Le toit du bâtiment situé en face du nôtre et qui renfermait des déportés aux fers, venait de s'effondrer sous l'énorme pression de l'ouragan, et les malheureux qu'il renfermait, rivés à la barre de justice, se tordaient dans la crainte de se voir ensevelis vivants sous les décombres. Nous nous mîmes à appeler à grands cris le geôlier de la prison qui, en raison du bruit causé par la tempête, ne nous entendit que difficilement. Il vint enfin, ouvrit les portes et nous laissa libres. La pluie tombait, ou plutôt se ruait horizontalement, emportée par l'affreuse bourrasque. Des plaques de zinc, des planches, des poutres, des pans de toit tout entier voltigeaient dans l'air comme des pailles et venaient se briser avec un fracas assourdissant contre les murs ou contre le sol. Bientôt un autre craquement effroyable se fait entendre ; c'est comme un coup de tonnerre. Aussi prompts que la pensée, et instinctivement, nous nous blottissons dans les angles des murs. C'est notre toit qui, à son tour, s'est détaché comme une plume et s'est envolé au loin. Dès lors, il n'y a plus de règlement ; nous nous réunissons tous ensemble, et les prisonniers, et ceux qui étaient aux fers et nous qui ne sommes punis que disciplinairement. Je me rencontre avec Assi, qui subit en ce moment un an de prison pour tentative d'évasion, avec Cipriani, qui accompagnait Flourens au moment de sa mort. Nous sommes dans une obscurité profonde. Assi apporte une lampe à pétrole, nous arrivons à l'allumer, mais le vent qui souffle avec impétuosité l'éteint plusieurs fois. A onze heures, le cyclone s'apaise un peu. A minuit, nous faisons le café avec la ration du lendemain, puis nous continuons à causer et à nous promener dans la cour de la prison jusqu'au jour. Ce matin, je suis éreinté. Les dégâts doivent être considérables dans toute la colonie. Je n'ai jamais assisté à pareille tempête.

J. R.

XLVII

Compte-rendu de la situation faite aux déportés à la presqu'île Ducos

1ᵉʳ mars 1875.

Il y aura bientôt trois ans que les premiers convois de déportés sont arrivés en Nouvelle-Calédonie. Depuis, bien des événements se sont accomplis en France, et, l'attention publique qui, lors de notre condamnation, s'était fixé sur la dure situation faite à des milliers d'hommes, s'est trouvée, depuis, absorbée par ces événements, de sorte que peu à peu la déportation et les déportés sont tombés dans l'oubli. Comment d'ailleurs aurait-il pu en être autrement ? Relégués, confinés au bout du monde, dans un coin de terre misérable, ne pouvant même pas correspondre par lettres fermées avec nos plus proches parents, ne sommes-nous pas pour ainsi dire comme morts pour nos compatriotes, nos amis et nos familles ? Jusqu'à présent nous avons supporté, sans protestation publique, les vexations, les provocations, les privations de toute sorte, en un mot la série des mesures arbitraires et inqualifiables dont nous avons été l'objet ; mais aujourd'hui, en présence d'une recrudescence de rigueur aussi systématique qu'inexplicable, nous croyons devoir élever la voix. Il ne s'agit pas ici d'un manifeste de parti. Quelles que soient nos idées, quelles que soient celles des hommes de cœur sous les yeux desquels tomberont ces lignes, nous osons faire un suprême appel à leurs sentiments d'humanité. Nous sommes vaincus, proscrits et malheureux : c'est à ce triple titre que nous demandons à être entendus.

I

Quand on nous a débarqués à la presqu'île Ducos, nous croyions que nous allions jouir enfin d'une certaine liberté relative ; que la partie cultivable des huit cents hectares désignés par la loi comme lieu de déportation dans une enceinte fortifiée, serait mise à notre disposition ; que l'on avait sérieusement l'intention de faire de nous des agents de colonisation ; que, par conséquent, on favoriserait largement tous les efforts tentés dans ce sens; que non-seulement on s'empresserait d'accorder des concessions dans les endroits de la presqu'île les plus propres à la culture, mais encore qu'on faciliterait, par des offres d'outils, de graines et de bétail, le développement de l'industrie agricole. D'un autre côté, nous pensions que le voisinage de Nouméa permettrait à un grand nombre d'entre nous d'obtenir des travaux en rapport avec leurs professions antérieures ; qu'on rendrait possibles les relations entre les commerçants ou industriels du chef-lieu et nous; que les nombreux ouvriers de tous métiers, charpentiers, maçons, menuisiers, tailleurs, etc., que nous comptons dans nos rangs, et dont les connaissances professionnelles peuvent être si fructueusement utilisées dans une colonie naissante, seraient immédiatement employés. En un mot, nous espérions trouver dans le travail et dans les ressources qu'il procure, un soulagement à la terrible situation qui nous est faite. Mais nous avons dû bientôt reconnaître que ces espérances, nées de la lecture attentive des lois, décrets et autres documents relatifs à la déportation, n'étaient que de vaines illusions.

L'administration coloniale ne s'est nullement pénétrée de l'esprit relativement favorable du législateur. Dès l'origine, la contradiction la plus frappante a existé entre les prescriptions métropolitaines et les mesures prises par les fonctionnaires coloniaux chargés de leur application. Si, conformément aux instructions ministérielles, des subsides et des facilités de communication nous eussent été accordés lors de notre arrivée, aujourd'hui un certain nombre de déportés seraient probablement en mesure de pourvoir à leur nourriture et à leur entretien, ce qui dégrèverait d'autant le budget ; mais l'administration locale n'a semblé voir dans les condamnés que des rationnaires perpétuels dont la garde lui était confiée. Au lieu de suivre la ligne de conduite que nous venons d'indiquer, elle a simplement fait lotir les échancrures de deux petites baies dont la contenance totale est d'environ cent hectares. Sur ces cent hectares, cinquante à peine sont cultivables. On les a divisés en lots de deux cent cinquante mètres superficiels, et chacun de nous a pu demander et obtenir un ou plusieurs de ces lots. Voilà le vaste champ qu'on a offert à notre activité !

Et encore dans quelles conditions ! Appartenant presque tous à la classe ouvrière, nous sommes, à de rares exceptions près, complètement dénués de ressources personnelles. Après nous avoir déposés sur cette plage lointaine, il semblait qu'on dût au moins nous distribuer les ustensiles de première nécessité, tels que couteau, fourchette, assiettes, quart, gamelle individuelle, etc.; cependant cela n'eut pas lieu. Une marmite, une grande gamelle et un bidon de campement furent les seuls objets qu'on nous délivra par groupe de dix. On nous logea dans des baraques en bois, dites *bonnets de police*, ou dans des tentes en toile sous lesquelles nous étions presque aussi serrés que dans les batteries des transports de la traversée. Ni table, ni siéges, ni bois de lit ne furent mis à notre disposition. Comme il nous était impossible de suspendre nos hamacs, en raison de la forme et de l'exiguïté de nos abris, nous étions réduits à coucher sur le sol. On mit un grand retard à nous distribuer les draps de lit et les chapeaux de paille, choses pourtant indispensables dans ce pays de moustiques et d'insolations. Quand, pour échapper à la promiscuité dont nous avions tant souffert dans les prisons de France et pendant notre voyage, nous prîmes la résolution de vivre isolément ou par groupes de deux ou trois, faire cuire notre maigre ration devint tout un problème (1).

A l'extrémité de la presqu'île se trouve une colline boisée que nous avons gratifiée du nom pompeux de *forêt*. En fait, c'est plutôt un fouillis inextricable de lianes et d'arbres tortueux et rachitiques qu'une futaie proprement dite. Ce fut là, c'est-à-dire à deux kilomètres de notre camp, que nous fûmes obligés d'aller chercher le bois nécessaire à notre cuisine d'abord, à la confection de nos meubles : tables, siéges, bois de lit, etc, ensuite. Enfin, ce fut de cette forêt que plus tard nous arrivâmes à tirer la charpente des

(1) La ration alimentaire du déporté se compose chaque jour de : pain, 750 gr.; viande fraîche de bœuf ou de porc, 250 gr. (pouvant être remplacés par lard salé, 225 gr., ou conserve de bœuf, 200 gr.); légumes secs, 20 gr. (pouvant être remplacés par riz, 60 gr.); huile, 8 gr.; sel, 22 gr.; vinaigre, 0 lit. 25; café vert, 20 gr.; sucre brut, 25 gr. — Depuis le commencement de février 1875, on substitue à la viande, le vendredi, 120 gr. de fèves décortiquées, assaisonnées de 6 gr. d'huile.

quatre à cinq cents cases individuelles qui s'élèvent acjourd'hui à la presqu'île Ducos (1).

Mais avant que ces résultats fussent acquis, que de longs et pénibles jours ne dûmes-nous pas passer dans nos abris provisoires ouverts au vent et à la pluie. Ah ! si cette initiative, cette activité, cette énergie qui sut pour ainsi dire créer quelque chose de rien, eût été favorisée, encouragée, secondée selon les vues du législateur, à quoi ne fût-on point arrivé ? On nous a accusés de ne pas vouloir travailler. Nous examinerons plus loin la valeur de cette allégation. Quant à présent, nous nous contenterons de demander qui a construit les deux villages de Numbo et de Tendu, et si seulement l'administration a fourni un clou ou un marteau pour favoriser cette œuvre éminemment colonisatrice.

Il est vrai que dans les premiers temps de notre séjour ici, des travaux furent offerts aux déportés. Ces travaux, dirigés par le génie militaire, avaient pour but la création de routes, d'un hôpital, d'une prison, etc.

(1) Depuis le mois de mai 1874, l'accès de cette forêt nous est interdit.

Mais ils ne devaient avoir qu'une durée temporaire. Depuis le mois d'octobre 1873, ils ont complètement cessé. Cette question du travail des déportés parut toutefois préoccuper le gouverneur et le ministre de la marine de cette époque. Il nous semble que ce dernier avait un sentiment assez net des exigences de la situation, lorsqu'il écrivait dans une dépêche au gouverneur, en date du 15 avril 1873 : « Il faut... chercher ailleurs que dans les travaux fournis par l'administration, la solution d'une difficulté que je reconnais très-grave et dont la solution doit, tout en assurant la bonne exécution de la loi, concourir à la prospérité de la colonie.

En premier lieu, et vous l'avez déjà compris, il faut user le plus largement possible de la faculté accordée par la loi d'autoriser les déportés à passer sur la grande terre toutes les fois que ceux qui en feront la demande le mériteront par leur bonne conduite. Mais il ne faut pas négliger, d'un autre côté, de favoriser la mise en concessions de ceux qui se sentent disposés à cultiver la terre. L'administration pourrait les pousser dans cette voie en leur offrant des outils, des graines, du bétail, et en soutenant celui qui travaille par l'allocation des vivres pendant un certain temps. Il faut enfin provoquer la fondation, par les colons libres, d'établissements industriels propres à mettre en œuvre les produits du sol et à utiliser toutes les aptitudes et toutes les intelligences. En ce qui concerne les déportés dans une enceinte fortifiée qui ne se livreraient pas à la culture, il y aura lieu de favoriser leurs rapports avec les habitants de Nouméa, qui trouveront les moyens de faire exécuter par les déportés des travaux auxquels ne suffiraient pas les bras des hommes libres. » Malheureusement, les prescriptions de cette circulaire furent peu observées. Un certain nombre de déportés simples obtinrent, il est vrai, l'autorisation d'aller se fixer sur la grande terre; mais nous, déportés dans une enceinte fortifiée, nous continuâmes à rester sans travail.

Les concessions dérisoires de deux cent cinquante mètres superficiels qui nous avaient été délivrées, demeurèrent incultes, faute d'instruments pour les mettre en valeur, jusqu'à ce que quelques-uns d'entre nous, grâce à leurs ressources personnelles ou aux économies faites sur le salaire provenant du génie militaire, se trouvassent à même d'acheter quelques pioches, bêches, etc. Ils les prêtèrent à leurs camarades, et c'est ainsi que nous arrivâmes à défoncer la portion de terrain qui nous a été concédée. Que sont donc devenues, dans l'application, les instructions ministérielles relatées plus haut ? Elles étaient pourtant formelles. Cependant on ne nous a offert aucun outil, aucune graine, et encore bien moins aucune tête de bétail. Nous nous sommes vus dans l'obligation de retrancher de notre ration alimentaire les haricots de nature à être semés. Les autres légumes que nous faisons pousser maintenant, sont dus à quelques graines dont nous avons, par tous les moyens, cherché à propager l'espèce. Rien donc, absolument rien n'a été fait pour l'établissement de concessions agricoles à la presqu'île Ducos.

A-t-on seulement facilité les rapports des condamnés à l'enceinte fortifiée avec Nouméa, de manière à ce que les industriels ou commerçants du chef-lieu pussent faire exécuter certains travaux par les nombreux ouvriers de la presqu'île ? Jamais, d'une façon sérieuse, et depuis un an moins que jamais. Aussi, l'œuvre de colonisation à laquelle la loi et le gouvernement semblaient vouloir faire participer la déportation n'a-t-elle pas marché d'un pas. Aucun des huit cents condamnés que renferme la presqu'île Ducos n'est aujourd'hui en mesure de dégrever l'État de sa charge. Nous nous consumons dans un désœuvrement funeste, notre santé s'affaiblit, les habitudes de travail se perdent. Minés par la privation des choses les plus nécessaires à la vie, par l'absence de la patrie, nous nous sentons décliner physiquement et moralement. Ne voyant aucune issue à notre affreuse situation, sevrés des joies et des douceurs de la famille, la monotonie de notre existence n'est rompue que par les vexations et les provocations d'agents grossiers et brutaux qui, aux termes de leurs instructions, devraient s'abstenir rigoureusement de tout commandement envers nous, mais qui, en réalité, insultent à notre malheur et nous menacent de leurs revolvers sous le plus futile prétexte. Les déportés ne veulent pas travailler, telle est cependant la version qui tend à s'accréditer dans les régions officielles. Que veut-on donc qu'ils fassent? Est-il possible de travailler sans matières premières, sans outils, sans communications avec l'extérieur, et par conséquent sans débouchés? Si cela se peut, nous demandons qu'on nous dise comment.

II

Cependant, si triste, si désespérante que puisse être une existence désœuvrée et sans but, nous y serions encore résignés si, depuis un an environ, de nouvelles mesures n'étaient venues nous frapper. L'évasion de M. Henri Rochefort et de ses compagnons en fut le signal. Ne pouvant les atteindre, c'est à nous qu'on fit expier leur départ précipité. Il serait trop long d'entrer ici dans le détail de ces mesures, plus restrictives et plus vexatoires les unes que les autres; nous nous bornerons à relater celles qui nous ont été le plus préjudiciables en commençant par la question des appels.

La loi sur la déportation nous soumet à des appels périodiques. Ces appels n'avaient lieu, à l'origine, qu'une fois par semaine. On les rendit obligatoires deux fois par jour, le matin à sept heures et demie et le soir à cinq heures, c'est-à-dire aux heures les plus favorables au travail. Ensuite, comme si cela ne suffisait pas, on exigea qu'ils eussent lieu sur deux rangs. Nous eûmes de la peine à nous résigner à cette formalité humiliante que M. le gouverneur Gauthier de la Richerie nous avait épargnée, mais que M. le colonel Alleyron, son successeur à titre provisoire, trouva bon de nous faire subir. Convaincus que notre présence pouvait être constatée sans qu'on eût recours à ce procédé, qui peut avoir sa raison d'être chez des militaires appelés à manœuvrer avec ensemble, mais qui devient puéril appliqué à des hommes dans notre situation, nous nous bornâmes, comme par le passé, à répondre présent à l'appel de nos noms, nous retirant au fur et à mesure, sans attendre l'ordre de rompre les rangs. Pour réprimer cette manière d'agir adoptée spontanément par la généralité des déportés, on imagina une punition qui n'est usitée dans aucun établissement pénitentiaire, le retranchement du pain. En conséquence, près de cent cinquante déportés restèrent pendant quatre jours privés de leur ration. Des faits de cette nature n'ont pas besoin de commentaires. Il suffit de les faire connaître pour que l'opinion publique en fasse justice.

Deux appels par jour eussent dû, ce nous

semble, donner à l'administration des garanties suffisantes contre les tentatives d'évasion ; mais on ne s'en tint pas là. Sur les ordres de M. le contre-amiral Ribourt, commissaire plénipotentiaire du gouvernement, les communications furent absolument supprimées entre la grande terre et la presqu'île, et les femmes de déportés, que l'on avait jusqu'alors autorisées à se rendre à Nouméa, d'où elles rapportaient des travaux d'aiguille, furent complètement soumises au régime de l'enceinte fortifiée. Dans la circulaire que nous avons citée plus haut, il est dit : « La vie de famille doit être pour le déporté comme pour le transporté, le plus puissant auxiliaire pour le faire revenir au bien, le diriger sûrement dans la voie du travail et l'attacher définitivement à la terre calédonienne. » Bien que nous n'acceptions nullement le rapprochement établi ici entre les déportés et les transportés, rapprochement qui n'est ni dans la pensée du législateur de 1850, ni dans celle du législateur de 1872, nous devons croire que c'est dans l'intention d'être favorable au déporté qu'on a accordé à sa famille le droit de se rendre dans les lieux de déportation. Or, depuis un an, les vingt familles habitant la presqu'île Ducos, au lieu d'être pour leurs chefs les auxiliaires dont il est question dans la circulaire ministérielle, sont pour eux des sujets d'inquiétude et de tourment. Des femmes qui ont poussé le dévouement à leurs maris prisonniers jusqu'à prendre le chemin de l'exil, des enfants innocents se trouvent en réalité dans les mêmes conditions que nous. Ces femmes, ces enfants n'ont pas encore, depuis leur arrivée, reçu de subsides en vêtements. De pauvres petits êtres en sont réduits à marcher pieds nus, sont privés de toutes les douceurs que leur âge réclame. Ah! il y a là un fait inique à signaler! Que contre nous, qui avons combattu, on prononce l'odieux *Væ victis*, cela peut à la rigueur s'expliquer dans une certaine mesure; mais qu'on frappe des femmes par contre-coup, qu'on inflige sans pitié la peine de la déportation à des enfants, ce sont là des abus monstrueux en présence desquels on ne saurait rester insensible.

Et ces abus, comment pouvons-nous les faire connaître? Nos correspondances, qu'on avait laissées passer fermées pendant près de deux ans, sont aujourd'hui ouvertes, lues et commentées par des agents indiscrets et bavards ; il suffit qu'elles contiennent quelques phrases de nature à déplaire à l'autorité pour qu'elles soient interceptées ; rien ne nous garantit que les réclamations adressées par nous à M. le ministre de la marine lui soient transmises ; ces lignes elles-mêmes franchiront elles l'étroite ceinture de récifs qui entoure la Nouvelle-Calédonie ? Nous n'en avons aucune certitude, malgré toutes nos précautions et le concours de plusieurs personnes dévouées.

A ces restrictions, qui présentent déjà par elles-mêmes le caractère le plus rigoureux, il faut encore ajouter l'esprit notoirement malveillant, l'attitude hostile et souvent injurieuse qui caractérise la plupart des fonctionnaires chargés de nous administrer. Les consignes par lesquelles le commandant territorial porte à notre connaissance les mesures d'ordre, punitions, etc., sont rédigées dans un style de caserne, et les familles y sont particulièrement traitées d'une façon blessante. Il y a plus, le jour même où la ration fut retranchée à près de cent cinquante d'entre nous, M. le gouverneur Alleyron prit un arrêté ayant pour but de faire face à l'éventualité d'une révolte à la presqu'île (1). La lecture de cet arrêté produisit sur nous une stupéfaction générale, car aucun trouble, aucune manifestation, aucun indice d'agitation même ne le justifiait. N'est-ce pas là une véritable provocation, une manœuvre tendant à établir que l'attitude des déportés nécessite les dispositions les plus extrêmes ? Et quand on considère que la suppression du pain a coïncidé avec cet étrange arrêté, n'y a-t-il pas lieu de se demander si on n'a pas poussé le zèle jusqu'à se mettre sciemment dans le cas d'avoir à réprimer une tentative de révolte ? Quoi qu'il en soit, nous n'hésitons pas à qualifier ces menées comminatoires d'imprudentes et d'odieuses. Elles sont imprudentes, parce qu'elles sont de nature à amener des catastrophes qui épouvanteraient leurs auteurs mêmes ; elles sont odieuses,

(1) Cet arrêté contient, entre autres, le paragraphe suivant : « Au signal d'un tumulte quelconque dans l'enceinte fortifiée, la *Bayonnette* allumera les feux de sa chaudière et viendra, en cas de révolte confirmée par un signal prévu, s'embosser par le travers du camp des déportés de la baie Uatimburu ; le *Cyclope* disposerait une embossure pour présenter sa batterie au camp de Numbo. »

parce qu'il est indigne d'abuser de la situation faite à des vaincus pour les provoquer et les calomnier.

Il nous reste à aborder l'examen d'une circulaire ministérielle qui nous a été communiquée. Dans cette circulaire, datée du 12 septembre 1874, il est dit que le gouvernement ne doit être dorénavant considéré comme tenu à subvenir à l'entretien des déportés qu'autant qu'il est matériellement impossible à ceux-ci d'y pourvoir, soit à l'aide des revenus préexistants, soit à l'aide de ceux que procure le travail. Partant de ce principe que nul n'a le droit de vivre aux frais de l'État sans travailler, M. le ministre de la marine ajoute : « Si l'État, d'une part, l'industrie privée, d'autre part, ne peuvent immédiatement fournir un travail conforme aux goûts des déportés et à leurs aptitudes, l'administration peut du moins, en échange de leur nourriture et de leur entretien, leur offrir une participation à des travaux d'intérêt public. Quant à ceux qui refuseraient d'accepter ce nouveau régime et qui ne justifieront pas d'une incapacité absolue de travail, leur ration devra être strictement réduite aux quantités reconnues absolument indispensables pour vivre. Cette ration ne devra comprendre que le pain, les légumes secs, l'huile, le vinaigre et le sel. »

Sans vouloir examiner au fond la question de savoir si l'on peut légalement introduire dans la peine de la déportation le travail obligatoire, qu'il nous soit permis, du moins, de discuter, au point de vue purement administratif, les prescriptions précédentes et l'opportunité de leur application. Avant tout, nous n'hésitons pas à déclarer que nous ne nous sommes jamais montrés hostiles aux idées de travail, qu'au contraire nous serions bien aise de trouver dans des occupations en rapport avec nos facultés une amélioration à notre sort, et que, s'il nous était donné de pouvoir subvenir par nous-mêmes à nos besoins, nous serions les premiers à vouloir dégrever l'Etat de notre charge. Mais de là à admettre que, sans avertissement préalable, sans aucune modification à notre régime, on puisse nous placer dans l'alternative d'un travail obligatoire non rétribué ou d'une réduction considérable de notre ration alimentaire, il y a une différence énorme. Et le département de la marine l'a si bien compris que, dans des instructions antérieures de plus d'un an à la circulaire du 12 septembre 1874, il insistait sur la nécessité de faire pénétrer dans l'esprit des déportés l'idée que, dans un certain temps, l'administration cesserait de leur venir en aide. « L'important est, écrivait le ministre au chef de la colonie à la date du 25 août 1873, que dès aujourd'hui, vous vous placiez en face de cette éventualité et que vous dirigiez l'action de votre administration en conséquence. » Il était évident, en effet, qu'on ne pouvait obtenir ce résultat qu'après avoir passé par une période préparatoire. Aussi nous paraît-il inexplicable que la circulaire du 25 août 1873 n'ait pas été officiellement portée à notre connaissance et soit restée lettre morte.

Nous ne saurions trop faire ressortir cette incurie de l'administration locale, puisqu'elle a rendu inapplicable et pour ainsi dire absurde la circulaire du 12 septembre 1874, et que, de l'inexécution des prescriptions du 25 août 1873 est résulté l'état de choses suivant, aussi étrange qu'inique.

Sans que l'Etat nous fournisse aucun travail, sans que l'industrie privée soit mise à portée de le faire, et avant même que l'administration ait créé des travaux d'intérêt public dont une participation puisse nous être offerte, quarante-neuf condamnés à l'enceinte fortifiée, dont quatre femmes, ne reçoivent plus que le pain, les légumes secs, l'huile, le vinaigre et le sel (1).

En résumé, le gouvernement de la métropole n'a cessé de donner des instructions ayant un double but : 1° Favoriser par tous les moyens possibles, — par des concessions de terre, par des offres d'outils, — de graines et de bétail, par la mise en relation avec Nouméa et la grande terre, ceux des déportés aptes à l'agriculture ou à l'industrie; 2° arriver à exonérer l'Etat de la charge de ces déportés. Or, le gouvernement colonial, qui n'a rien ou presque rien fait pour remplir la première partie de ce programme, a déjà commencé à appliquer la seconde. Jusqu'où ira-t-il dans cette voie, c'est ce que nous n'osons présumer. Tout ce que nous pouvons dire, c'est que la ration réduite, telle que la perçoivent, depuis le 5 février, quarante-neuf de nos compagnons d'infortune, est insuffisante pour vivre sous ce climat, et que,

(1) Arrêté de M. le gouverneur Alleyron, en date du 2 février 1875.

pour eux, la peine de la déportation est devenue une condamnation à mort à courte échéance.

Dans ce mémoire, nous nous sommes fait un devoir de respecter scrupuleusement la vérité. Si sombre que soit le tableau que nous avons essayé d'esquisser, nous osons affirmer qu'il n'est pas exagéré. La presqu'île Ducos est une vaste geôle où se débattent, en proie à toutes les privations et à toutes les misères, à toutes les vexations et à toutes les provocations d'un arbitraire que rien ne réfrène, près d'un millier d'infortunés. Nous persistons à croire que ce n'est point là ce que le gouvernement français a voulu en faire, et nous en appelons à tous les hommes de cœur, au nom de l'humanité.

Presqu'île Ducos, 1er mars 1875.

JULES RENARD.

XLVIII

LA PRESQU'ILE DUCOS

Scarcely able to feed a rabbit.
GOLDSMITH.

La presqu'île Ducos peut être décomposée en quatre parties : la première et la plus voisine de Nouméa, n'est pas habitée par les déportés, mais exclusivement occupée par la troupe et les agents chargés de leur garde. Un rideau de collines assez élevées la dérobe complètement à leur vue, et comme elle est en dehors de leur enceinte, ils ne peuvent y aller que munis d'une autorisation spéciale. C'est dans cette portion de la Péninsule que réside le commandant territorial, à qui les déportés doivent adresser leurs demandes et réclamations de toute nature.

Immédiatement après ce camp, qui est un camp tout militaire, vient la vallée de Numbo, qui est le siége principal de la déportation dans une enceinte fortifiée, la *ville*, s'il est permis d'appliquer ce nom à un ensemble de constructions tout à fait primitives, les unes éparpillées au bord de la mer, les autres étagées, dans un désordre qui ne manque pas de pittoresque, sur les versants des collines voisines. J'ai dit *ville* et je maintiens le mot, tout prétentieux qu'il puisse paraître. Numbo a, en effet, comme toutes les villes de France, son église, son école, son presbytère, son hôpital, sa bibliothèque, son théâtre, et, correctif immanquable, sa prison. On fait à Numbo des chapeaux, des meubles et des chaussures qui obtiennent les premiers prix aux expositions, Numbo a son architecte, Arnold ; son peintre, Henry ; son vétérinaire, Régère ; son romancier, Boulabert ; son photographe, Fougeret Il y a certainement bon nombre de villes en France et ailleurs qui sont moins bien pourvues sous le rapport de la diversité des professions.

On arrive du camp militaire à Numbo par un chemin pratiqué au bord de la mer. Ce chemin passe au pied de la prison, bâtiment en pierres élevé sur la limite du territoire de la déportation. C'est là que subissent leur peine les déportés à l'enceinte fortifiée condamnés judiciairement par les tribunaux de

Nouméa pour crimes ou délits commis depuis leur arrivée dans la colonie. Ils y sont employés à des travaux d'utilité publique. Un compartiment est réservé aux déportés punis disciplinairement.

Mais empressons-nous de quitter ce sombre asile, et gravissons les montagnes où l'on respire plus librement et d'où la vue s'étend sur la presqu'île tout entière. De leur sommet se déroule un panorama qui n'est ni sans grâce ni sans grandeur, mais qui est gâté par l'idée morale sans cesse rappelée par les pénitenciers. D'abord c'est Nouméa qui rissole au soleil avec ses maisons éblouissantes de blancheur, puis vient le port où trois ou quatre gros bâtiments dorment à l'ancre, tandis que, çà et là, quelques embarcations légères glissent, la voile arrondie, sur l'espace de mer qui s'étend entre Nouméa, la presqu'île Ducos et l'île Nou.

L'île Nou, séjour des transportés, est en face de moi, mais je me hâte de détacher ma pensée de ce lieu d'expiation et de douleur.

Numbo s'étend à mes pieds, avec ses pâtés de cases en terre ou en chaume, ses grandes voies de communication alignées au cordeau, ses jardinets, son hôpital, son église et sa prison.

L'hôpital est une construction assez élégante avec vérandah et arcades. Le service médical y est fait par deux médecins de la marine, qui sont aidés d'infirmiers déportés et de trois ou quatre religieuses.

L'église, une église fort modeste desservie par un P. mariste, s'élève à l'ombre de l'hôpital et se trouve même un peu effacée dans cette ombre. C'est à peine si, d'où je suis, on peut en distinguer le petit clocher qui ressemble singulièrement à un pigeonnier et qui se perd dans le feuillage des arbres environnants. Dans la dépendance de l'hôpital, on a tracé un jardin qui est cultivé par des déportés et qui fournit les légumes nécessaires à l'alimentation des malades. Ce jardin fait très-bonne figure avec ses allées en croix, sablées, ratissées et bordées de touffes de bananiers.

Sur le bras de mer qui sépare Numbo de l'île Nou, un stationnaire veille pour empêcher les évasions. Au-delà de l'île Nou, l'Océan s'étend à perte de vue. Seule, une ligne blanchâtre apparaît aux confins de l'horizon, quand le temps est clair ; c'est le banc de corail sur lequel viennent perpétuellement se briser les vagues écumantes de la haute mer.

Tout cela, comme vous voyez, a un cachet assez pittoresque : au premier plan, les collines qui forment l'échancrure de la baie de Numbo, avec leur brousse jaunâtre au milieu de laquelle s'allongent et se replient, comme d'immenses serpents, des sentiers poudreux où l'on ne peut passer qu'à la file indienne; puis Numbo proprement dit avec ses centaines de chaumières de toute forme ; puis la plage où se mirent quelques cocotiers ; puis enfin, dans le fond du tableau, Nouméa, la rade, l'île Nou, le phare, l'Océan, et, en dernier lieu, les récifs qui, s'évanouissant à demi dans un lointain vaporeux, n'en semblent que plus redoutables.

Telle est la deuxième et principale partie de la presqu'île Ducos. Des deux autres, je ne vous dirai que peu de chose. L'une est la vallée de Tendu, opposé à Numbo et dans laquelle habitent aussi un certain nombre de déportés. Elle ne présente aucune particularité remarquable, si ce n'est que c'est à l'une de ses extrémités qu'on a placé le cimetière où reposent déjà une cinquantaine de proscrits. La vue est limitée de ce côté par les montagnes de la grande terre dont les flancs sont sillonnés de profondes ravines et les sommets presque constamment recouverts de nuages.

Enfin, la portion extrême de la presqu'île Ducos consiste en une forêt, fouillis inextricable de lianes et d'arbres plus ou moins propres à la construction. On y a établi un poste militaire, et c'est aussi non loin de là que demeurent, dans une baraque en planches appartenant à l'administration, les quelques femmes condamnées à l'enceinte fortifiée.

2 novembre 1873.

JULES RENARD.

XLIX

A M. ...

Ile des Pins, 10 décembre 1876.

Mon cher ami,

Ainsi que je vous l'ai annoncé dans ma dernière lettre datée de la presqu'île Ducos, je compte maintenant au nombre des déportés simples, et c'est de l'île des Pins que je vous écris. J'ai quitté la presqu'île le 6 décembre à quatre heures du matin, et je vous assure que j'ai éprouvé une certaine émotion en m'éloignant de ce petit coin de terre que je ne dois probablement jamais revoir. C'est que ce petit coin de terre a été mon séjour pendant quatre ans et un mois, et l'homme est ainsi fait qu'il s'attache aux lieux qu'il a longtemps habités, fût-ce même en qualité de captif. Et puis n'est-il pas toujours pénible de se séparer de camarades avec qui l'on a longtemps souffert, longtemps subi les ennuis et les privations inséparables de la déportation.

Notre petit voyage à bord du *Perrier* s'est accompli par un temps superbe et dans des conditions très-acceptables. Nous avons pu rester sur le pont pendant toute la traversée, et le lieutenant nous a fait distribuer la ration comme aux matelots. La journée s'est donc écoulée agréablement. J'ai toujours pris plaisir à observer les figures franches et graves des matelots ; ceux du *Perrier* sont très-occupés ; l'un lime, l'autre rabote, un troisième tresse des cordes, etc. Des indigènes viennent en aide à l'équipage. Ils sont surtout remarquables par leur agilité et la mobilité de leur physionomie. Ils ont les lèvres grosses, les cheveux crépus d'un jaune sale, le nez court et large à la partie inférieure. Leur corps, presque nu, est marqué de nombreuses cicatrices, leurs oreilles sont affreusement trouées et déchiquetées. De Nouméa à l'île des Pins, il y a environ vingt-cinq lieues. On suit longtemps la côte de la grande terre, puis nous avons passé, je crois, entre la grande terre et l'île Ouen, dans un canal assez étroit appelé le canal Woodin. Nous avons rencontré dans ces derniers parages une pirogue double montée par quatre indigènes et filant très-vite avec sa voile primitive tissée par les Canaques eux-mêmes. Le long de la côte, çà et là, sont des touffes de pins colonnaires. A une heure de l'après-midi, nous apercevons l'île des Pins. Elle se présente d'abord à nous sous la forme d'une terre assez élevée. Puis, peu à peu, elle se détache à l'horizon sous celle d'une longue île plate, renflée à l'une de ses extrémités. Nous longeons la côte et nous allons mouiller à Kûto, où nous débarquons vers les six heures du soir.

Je vous donnerai des détails sur l'île des Pins dans une prochaine lettre : pour le moment je me contenterai de vous dire que la végétation y est magnifique, qu'on y respire un air embaumé, qu'on y boit d'excellente eau et qu'on y trouve des fruits en quantité, bananes, papayes, cocos, etc., toutes choses qu'on ne rencontre pas ou presque pas à la presqu'île Ducos.

Ceux de mes compagnons d'infortune qui m'ont connu dans les prisons de France, et que j'ai revus ici, m'ont trouvé bien vieilli. Je suis, en effet, très-changé et très-affaibli. Depuis mon arrivée, d'ailleurs, je n'ai cessé d'être souffrant. D'autre part je suis ennuyé parce que je manque absolument de ressources et que je ne sais pas comment je vais faire face aux frais inévitables d'une troisième installation. Provisoirement j'habite avec de braves gens qui ont bien voulu m'offrir l'hospitalité à mon arrivée.

Je vous écris cette lettre à la hâte, ayant la tête bien lourde et les idées bien confuses. J'ai beau faire, je me sens décliner de plus en plus. Mais, n'importe, mon affection pour vous restera toujours pure, profonde, inaltérable.

JULES RENARD.

L

A Madame ***

Ile des Pins, 12 janvier 1877.

Quel changement s'est opéré en moi depuis quelques semaines ! J'étouffais, voyez-vous, dans cette misérable presqu'île Ducos ; je m'y sentais comme enveloppé d'une chape de plomb ; c'était à n'y plus tenir : pas d'air, pas d'espace, pas de végétation, pas d'eau. Deux entonnoirs, Numbo et Tendu, dans lesquels s'emmagasine la chaleur, une chaleur pesante, accablante : d'où la léthargie, image et trop souvent présage de la mort. Je sentais peu à peu mon cerveau se vider, dans ce cercle étroit, comparable aux cercles de l'*Enfer* du Dante ; bientôt j'y serais devenu indifférent, puis stupide, puis idiot. Pas de perspective plus sinistre que celle-là !

Grâce à Dieu, j'ai maintenant secoué cette affreuse torpeur, je me suis dérobé à cette espèce de paralysie intellectuelle dont les conséquences sont si redoutables. Je revis : e revis parce que je suis dans un pays neuf, dans un pays qui est un Eden auprès de la presqu'île Ducos, dans un pays où il y a de l'étendue, de l'eau qui coule, des bois magnifiques, une atmosphère embaumée... Allons ! pauvre prisonnier, ne te laisse pas emporter par les ailes de l'enthousiasme ; c'est toujours la cage, quoique cette fois la cage soit dorée.

. . . .

Jules Renard.

LI

LE COURRIER

Le Courrier ! qui de nous pourrait rester de sang-froid quand ce mot magique vole de bouche en bouche d'une extrémité de l'île à l'autre ? *Le Courrier !* aussitôt les fronts se dérident, on respire, on se sent à l'aise, on s'aborde en se pressant plus amicalement la main, on se réveille en un mot de l'état de torpeur habituelle ; car le courrier, qu'est-ce à dire sinon une brise rafraîchissante qui nous arrive de la Patrie, un petit coin du foyer qui va nous être rendu visible. Le courrier, c'est pour l'exilé la colombe de l'arche, l'emblême de l'espérance ! N'est-ce pas le courrier qui doit un jour nous apporter ce que nous rêvons tous, c'est-à-dire la liberté ?

Quoi donc de plus naturel que les visages rayonnent quand on signale le courrier parmi nous, bannis du vieux pays de France, feuilles que l'ouragan a détachées de leur tige, mais qu'il ne parviendra jamais à dessécher complètement ! Volontiers alors nous oublions l'isolement, l'ennui, les privations, les rêveries amères, les nuits sans sommeil ; il semble qu'une rosée vivifiante retrempe nos âmes abattues et les relève !

Pendant vingt-quatre heures, on roule dans sa tête mille hypothèses ; on se réjouit d'avance des nouvelles attendues. On va, on vient, on est impatient, fiévreux. On court enfin à la poste ; on écoute appeler les noms, muet, sans voir les amis qu'on coudoie, tant nous sommes affamés de cette manne qu'on appelle les lettres, pain du cœur aussi indispensable que le pain qui nourrit les corps ! Les uns ouvrent aussitôt le précieux pli imprégné des baisers ou des larmes d'une épouse, d'une mère, d'une sœur, d'un enfant chéri ; d'autres le cachent dans leur sein pour le savourer à loisir dans le silence et le recueillement, comme ils feraient d'un texte sacré ! Que d'émotions diverses dans les physionomies, parmi ceux qui ont la bonne fortune de ne pas être oubliés.

Mais quand on ne reçoit pas un mot des siens et qu'on se voit réduit à s'écrier avec le poète :

...Où sont-ils ceux près de qui je dormais !

Oh! alors, c'est comme une marée de doute, de découragement, de désespoir qui envahit l'âme et semble vouloir la submerger. On rentre chez soi étourdi, atterré. La nostalgie s'empare de vous, vous fait au cœur une blessure qui peu à peu le vide. Vous devenez indifférent, morne, sombre, farouche, et puis qu'y a-t-il d'étonnant si quelques mois après on se raconte dans les veillées qu'un camarade, un ami naguère encore vigoureux, s'est éteint comme une lampe dans laquelle on a oublié de verser de l'huile !

21 juin 1877.

JULES RENARD.

LII

A Mlle L. C.

Ile des Pins, le 1er août 1877.

Mademoiselle,

Il y a des missions bien délicates et bien pénibles, et j'ai besoin, avant de remplir celle qui m'incombe en ce moment, de faire appel à tout ce qu'il y a de courage et d'abnégation dans votre cœur. Votre cher fiancé, celui qui est resté digne de la grande affection que vous lui avez vouée, est tombé malade et a dû entrer à l'hôpital le 26 juin dernier. Depuis longtemps déjà, il éprouvait des malaises et mangeait à peine. Il ne vous en a sans doute jamais parlé, tant il avait peur de vous inquiéter, tant il craignait de vous faire souffrir de ses souffrances ! Le pauvre garçon ! Vous ne saurez jamais combien il vous a aimée...

J'ai à peine la force d'en dire davantage, et cependant c'est dans le but de vous consoler, de vous fortifier, d'élever votre âme à la hauteur du malheur qui vient de vous frapper, que je prends la respectueuse liberté de vous écrire. Ah! si vous eussiez été témoin des larmes que sa mort a fait répandre, si vous eussiez vu se dérouler le long cortége des amis qui étaient venus de tous les coins de l'île pour lui rendre les derniers devoirs... oui, toutes ces preuves d'affection et de regrets, mieux que de vaines paroles, eussent adouci votre douleur.

C'est le lundi 30 juillet, à six heures et demie du matin, que votre bien-aimé a rendu le dernier soupir. Je l'avais vu dans l'après-midi du jour précédent. Il avait conservé toutes ses facultés et nous avions causé comme à l'ordinaire, mais pas longtemps, parce qu'il se sentait d'une faiblesse extrême. Je lui ai demandé, dans ce dernier entretien, s'il voulait que je fisse une lettre pour vous, qu'il eût signée. Il éprouva comme un serrement de cœur à la pensée du mal que vous ferait la nouvelle de la gravité de son état, et dit : « Non, non, cela lui ferait trop de peine. »

Ses obsèques eurent lieu le mardi 31, à sept heures du matin. Au moment où le corps sortit de l'église, nous aperçûmes M. le capitaine du génie Kay, qui avait tenu à honorer par sa présence la mémoire de notre pauvre ami. C'était la plus haute marque de sympathie qu'il pût lui donner ; nous en avons été touchés et, pour mon compte, je vous prie de garder le nom de cet officier dans votre mémoire, car c'est celui d'un homme de cœur.

Des dispositions vont être prises pour que toute votre correspondance vous soit retournée ainsi que la bague et le mouchoir blanc brodé. Je vous envoie, de mon côté, une mèche de cheveux qui sera probablement votre plus cher souvenir. Vous trouverez également ci-jointes les quelques paroles d'adieu que j'ai prononcées dans le cimetière, après l'achèvement de la cérémonie religieuse.

Voilà ma mission remplie, Mademoiselle. Je ne veux plus y ajouter qu'un mot. Au nom de votre Ernest bien-aimé, ne désespérez pas ; supportez courageusement cette cruelle épreuve et veuillez agréer l'expression de mes sentiments les plus respectueux et les plus dévoués.

JULES RENARD.

LIII

Paroles prononcées sur la tombe de Dormoy.

Messieurs,

J'ai une mission bien triste à remplir aujourd'hui, celle de dire le dernier adieu à un camarade, à un ami qui, il y a quelques jours encore, vivait de notre vie, partageait nos misères et nos espérances. Dormoy n'est plus. La mort, qui depuis quelque temps s'acharne contre nous, l'a ravi à ses occupations, à ses compagnons d'exil, à sa vieille mère qui nourrit au fond du cœur la pensée de le revoir, à une fiancée chérie qui, pendant trois mois encore, va lui adresser des lettres affectueuses que le pauvre garçon ne lira jamais.

Je n'ai pas à vous dire, Messieurs, quel fut Dormoy dans la déportation ; vous viviez à ses côtés et vous avez pu vous rendre compte par vous-mêmes de son bon cœur, de son grand sens pratique, de ses aptitudes multiples, en un mot de toutes ces sérieuses qualités que, pour ma part, je lui ai connues. Mais ce que quelques-uns d'entre vous ignorent peut-être, c'est que la paix de 1871, cette paix qui fit frémir tous les cœurs patriotes, avait trouvé Dormoy lieutenant et décoré. Il avait donc servi son pays en brave et loyal soldat, marchant droit au devoir, sans s'inquiéter si d'autres — un Bazaine, par exemple — ourdissaient la trame honteuse des capitulations et des trahisons.

Les événements de mars 1871 éclatèrent ; comme patriote, Dormoy était blessé au cœur ; comme républicain, il crut la République en danger. Ces deux mobiles suffirent pour l'amener à Paris. Je ne puis me permettre ici d'apprécier ses actes pendant cette période : il suffit que je les indique. La Commune vaincue, Dormoy tomba avec elle, fut condamné, dégradé et déporté à six mille lieues de son pays.

Les médecins vous diront le nom scientifique de la maladie dont il est mort ; ils iront même jusqu'à préciser les causes de cette maladie terrible. Cela rentre dans leur domaine et je n'y trouve pas à redire. Mais il y a aussi des causes morales qu'à mon tour je puis faire valoir et qui ont dû, sans aucun doute, précipiter la fin de notre malheureux ami. Oui, le jour où il fut dégradé publiquement sur la place de Versailles, le jour où, en présence de ses anciens compagnons d'armes, on lui arracha la croix d'honneur qu'il portait sur la poitrine, le jour où l'on brisa cette épée avec laquelle il avait si vaillamment combattu à Wissembourg — ce jour-là, une blessure secrète lui fut faite au cœur. Et puis, les longues années passées dans l'exil, dans l'isolement, avec cette sinistre pensée des rêves d'avenir brisés... que dirai-je encore ? L'oubli, l'abandon, les privations, les humiliations, les misères contre lesquelles il faut que nous nous raidissions chaque jour, toutes ces sources d'amertume n'avaient-elles pas aussi contribué à le miner et à le décourager. Il vivait de cette vie anormale et sans but que nous menons pour la plupart et qui trop souvent nous laisse glisser sur la pente fatale des témérités et des imprudences, quand un jour, le corps fatigué, le moral atteint, il se vit dans l'obligation de monter à l'hôpital. Dès lors la mort marcha vers lui à grands pas, et, malgré la vigilance et la sollicitude des médecins, l'eut bientôt saisi de sa main glacée.

Vous avez voulu, messieurs, que nous représentions à cette heure, auprès de notre infortuné camarade, sa famille et ses amis absents. Pauvre Dormoy ! c'est en leur nom que nous t'adressons du fond du cœur, le suprême, l'éternel adieu !

LIV

A Madame ***

Uro, 10 août 1877.

Je n'ai pu, le mois dernier, vous écrire qu'une lettre très-courte, parce que, comme je vous l'ai dit, un de mes camarades, un de mes amis, se trouvait gravement malade. Malheureusement le dénouement que j'avais prévu n'a pas tardé à se réaliser; le 30 juillet à six heures et demie du matin, Dormoy rendait le dernier soupir. Cette fin prématurée a produit une grande impression dans la déportation. De tous les coins de l'île on se rendit à ses obsèques, qui eurent lieu le lendemain, 31. Sur sa tombe, j'ai prononcé quelques paroles d'adieu, dont je vous donne ci-joint à peu près le texte. Je dis *à peu près*, car je n'avais rien écrit, et c'est de mémoire que j'ai fixé ce petit *speech* sur le papier.

Il m'a fallu ensuite écrire à la mère et à la fiancée du défunt; c'était, comme vous devez bien penser, une mission délicate et pénible. Je m'en suis acquitté de mon mieux, et maintenant que tout est terminé, je m'empresse de profiter de ma première heure de loisir pour répondre à votre bonne lettre du 7 mai.

Vous me demandez si, dans ma nouvelle situation, vos lettres m'arrivent fermées ; je suis assez embarrassé pour vous répondre sur ce point, car depuis que je suis à l'île des Pins, j'en reçois de cachetées et d'ouvertes. Je crois que les nôtres surtout sont examinées, puisque nous devons les remettre huit jours avant le départ du courrier. Quant à celles provenant de France, si on les ouvre, ce n'est guère que pour la forme, la distribution s'en faisant généralement moins de vingt-quatre heures après la venue du bateau.

Vous êtes bien heureuse d'avoir eu un hiver exceptionnellement doux ! Quant à moi je grelotte depuis quelques semaines, tant je suis devenu sensible aux moindres froids. C'est incroyable comme je trouve à présent les nuits glacées. Je me demande ce que je ferai quand je serai de retour en Europe si, comme je l'espère, il m'est donné d'y retourner un jour.

Je continue à trouver l'île des Pins un

pays fort agréable. Je m'y ennuie d'autant moins que j'y ai découvert — non une mine de nickel — mais une mine de bons livres qui m'aident à passer les longues heures des nuits sans sommeil. Non-seulement ces livres m'instruisent, mais ils sont aussi mes consolateurs. J'ai lu dernièrement plusieurs volumes d'histoire d'Augustin et d'Amédée Thierry, des ouvrages sur la littérature anglaise et la littérature française. Ce sont des sources pures où l'on peut se retremper et l'esprit et le cœur. Le vieux français, principalement, a pour moi des charmes incomparables. Voulez-vous me suivre un instant ?

Nous sommes au douzième siècle. Ecoutez la grande voix des paysans opprimés et vous serez touchée de leur naïf et énergique langage à l'adresse de leurs seigneurs :

> Nous sumes homes cum (comme) ils sunt
> Toz membres avum cum il unt,
> At Altresi grans cors avum
> Et altretant sofrir poum (pouvons).

C'est par la bouche de Waco qu'ils affirment ainsi le grand principe d'égalité ; ce principe sera solennellement reconnu six siècles plus tard.

Mais passons. Les tentatives d'émancipation des onzième et douzième siècle ont avorté ; la révolution communale a été noyée dans le sang. Un autre siècle s'ouvre, c'est le treizième, où fleurit la noble institution de la chevalerie. C'est aussi l'époque d'une espèce de renaissance littéraire, le temps des troubadours et des trouvères. Comme la langue s'est modifiée et a pris de la souplesse ! Lisez plutôt. C'est le galant Thibaut, comte de Champagne, qui parle :

> J'alois, l'autre ier, errant,
>   Sans compagnon,
> Sur mon palefroi pensant
>   A faire une chanson,
> Quand je oi (entends), ne sait comment,
>   En un buisson,
> La vois du plus bel enfant,
> Qu'oncques veist nul hom,
> Et n'estoit pas enfes si
> N'eust quinze ans et demi ;
> Oncques nul rien (chose) ne vi
>   De si gente façon !

Oui, l'on trouve des consolations dans ces souvenirs d'un autre âge. C'est une grande satisfaction que de pouvoir s'oublier soi-même et assister à la transformation de la langue, des mœurs et des institutions d'un grand pays comme la France. Cela élève l'âme. Et nos petites misères de chaque jour, que semblent-elles, auprès du sort épouvantable de ces millions de serfs attachés à la glèbe, taillables et corvéables à merci et à miséricorde, vendables et achetables comme des bêtes de somme ! Et puis, à côté du pauvre peuple toujours souffrant et geignant, que de figures gracieuses, sympathiques, poétiques, qu'on se plaît à revoir dans leur temps et leur milieu :

> La royne blanche comme un lys
> Qui chantoit à voix de sereine,
> Berthe au grand pied, Biétris, Alys,
> Harembourcs qui tint le Mayne,
> Et Johanne la bonne Lorraine
> Qu'Anglois bruslèrent à Rouen ;
> . . . .
> . . . .

Ces derniers vers sont de Villon : nous voilà au quinzième siècle.

Villon ! quel joyeux poète, quel gai compagnon, quelle verve, quelle originalité ! Pourrait-on s'empêcher de s'intéresser à lui malgré ses écarts ?

> Pipeur, larron, jureur, blasphémateur,
> Sentant la hart de cent pas à la ronde,
> Au demeurant le meilleur fils du monde,

Tel est Villon.

Je n'en finirais pas si je me laissais aller à vous dire tout le bien que je retire de mes lectures. Je n'ai voulu que vous en donner un aperçu. Toutefois je ne puis me retenir de vous citer encore ces vers de Joachim du Bellay, lesquels, du fond de l'exil, nous pourrions, nous aussi, adresser à la France, notre mère à tous :

France, mère des arts, des armes et des lois,
Tu m'as nourry longtemps du lait de ta mamelle ;
Ores, comme un agneau que sa nourrice appelle,
Je remplis de ton nom les antres et les bois.

Si tu m'as pour enfant advoué quelquefois,
Que ne me respons-tu maintenant, ô cruelle ?
France ! France ! respons à ma triste querelle :
Mais nul, sinon écho, ne répond à ma voix,

. . . .
. . . .
. . . .

Las ! les autres agneaux n'ont faute de pasture.
Ils ne craignent le loup, le vent, ny la froidure ;
Si ne suis-je pourtant le pire du troupeau.

Adieu, je vous aime bien.

Votre ami,

JULES RENARD.

LV

A M. L. B.

Uro, le 27 septembre 1877.

Mon cher B...,

Depuis votre lettre du 27 juillet je n'ai pas reçu un mot de vous; cela fait deux mois, si je sais compter, c'est-à-dire deux siècles pour l'amitié. Le câble serait-il rompu ? C'est une chose qui arrive quelquefois, et alors c'est grand dommage. Vous n'avez sans doute pas oublié ce fameux câble qui, l'an dernier, je crois, nous sevrait de dépêches. Eh bien, ce serait encore un malheur plus grand pour moi s'il fallait que le câble qui permet l'échange de correspondances entre vous et moi fut brisé. On utilisait bien sous le siége les pigeons voyageurs ; mais c'est un pis-aller qui présente des dangers et dont on ne doit user que dans les cas tout à fait désespérés. Et encore, même avec cette réserve, on s'en mord quelquefois les pouces.

Je ne veux donc à aucun prix user de pigeons et je me confie comme toujours au câble. La dernière fois que j'en ai fait usage, c'est le 6 août dernier. C'est à cette date que je vous ai expédié ma dépêche n° 10. N'en ayant reçu aucune réponse, je vous envoie, à tout hasard, ma dépêche n° 11.

J'ai reçu par le courrier du 1ᵉʳ septembre 28 numéros de la *Revue politique et littéraire*. C'est une publication bien intéressante. Les derniers numéros contiennent trois conférences *in extenso* du P. Hyacinthe. Ces conférences, faite au *Cirque d'hiver*, ont été fort applaudies ; on y trouve des passages d'une éloquence vraiment saisissante, témoin celui-ci que j'extrais de la première, intitulée : *Le respect de la vérité*.

« Il y a un autre martyre que celui qui disloque les membres, qui répand le sang, qui brûle et détruit la chair. Ah ! n'est-ce pas aussi se sentir déchiré dans sa chair, dans son sang et dans son âme que de se voir arracher, pour le témoignage de la vérité, ses parents, ses amis, des tendresses presque aussi vieilles que la vie, en tout cas plus chères, puisqu'en se retirant elles la laissent sinon sans force, au moins sans charme ? N'est-ce pas un exil que de se sentir étranger, impuissant, incompris parmi ses concitoyens ? N'est-ce pas une proscription que l'injure et la haine venant de ceux-là mêmes que l'on a le plus aimés ? L'insulte éhontée aboyant sans contradiction après ce que l'on a de plus cher et de plus pur au monde ? la calomnie s'attachant lâchement à vos pas, cette calomnie à laquelle on ne peut répondre, par cette raison toute simple que l'honnête homme ne répond pas à la femme publique qui crie après lui dans la rue ? »

Les deux autres conférences ont pour titre : *La réforme de la famille* et la *Crise morale*.

Ce ne sont pas les seules bonnes choses renfermées dans la *Revue*. Mais j'aurais trop à dire si je voulais seulement vous donner le sommaire des articles remarquables qu'elle contient. J'y ai lu les comptes-rendus de nombreux ouvrages récemment parus, notamment ceux de la *Légende des Siècles* et de l'*Art d'être grand père*, par Victor Hugo, de l'*Assommoir*, par Zola, de plusieurs romans anglais qui font grand bruit et dont l'un, *Daniel Deronda*, vient de rapporter un million de francs à son auteur Georges Eliot. Dans l'*Art d'être grand père*, on trouve, entre autres, une bien jolie petite pièce sous ce titre : *Le Pain sec.* Je crois vous faire plaisir en vous la copiant :

Jeanne était au pain sec dans le cabinet noir,
Pour un crime quelconque, et, manquant au
[devoir,
J'allai voir la coupable en pleine forfaiture
Et lui glissai dans l'ombre un pot de confiture.
Contraire aux lois — Tous ceux sur qui, dans ma
[cité,
Repose le salut de la société,
S'indignèrent, et Jeanne a dit d'une voix douce :
— Je ne toucherai plus mon nez avec mon pouce,
Je ne me ferai plus griffer par le minet,
Mais on s'est récrié : — cette enfant vous connaît;
Elle sait à quel point vous êtes faible et lâche,
Elle vous voit toujours rire quand on se fâche.
Pas de gouvernement possible. A chaque instant
L'ordre est troublé par vous; le pouvoir se dé-
[fend.
Plus de règle L'enfant n'a plus rien qui l'arrête,
Vous démolissez tout. — Et j'ai baissé la tête,
Et j'ai dit : — Je n'ai rien à répondre à cela —
J'ai tort. Oui, c'est avec ces indulgences-là
Qu'on a toujours conduit les peuples à leur perte,
Qu'on me mette au pain sec — Vous le méritez,
[certes,
On vous y mettra. — Jeanne alors, dans son coin
[noir,

M'a dit tout bas, levant ses yeux si beaux à voir,
Pleins de l'autorité des douces créatures ;
— Eh bien, moi, je t'irai porter des confitures.

Il n'y a pas jusqu'aux anecdotes de la *Revue* qui n'aient leur cachet. En voici une qui mérite d'être cité :

C'était en 1818 ; Talleyrand était chez M@@me@@ de Duras. La conversation était vivement engagée sur cette phrase de la Charte : « La religion catholique, apostolique et romaine est la religion de l'Etat. » Tout à coup Talleyrand :

— Savez-vous, madame de Duras, qui a conseillé de mettre ces mots-là dans la Charte ?

— Je n'en sais rien, mais dans tous les cas ce sont des mots parfaits.

— Eh bien, c'est moi !

— J'en suis charmée et vous en remercie.

— Mais savez-vous *pourquoi* je les ai conseillés ?

— Non, mais je suis sûre que vous n'avez pu avoir que de bonnes raisons pour faire une si bonne chose.

— Et bien ! je les ai fait mettre parce qu'ils ne signifient rien du tout.

Restons-en là pour aujourd'hui, mon cher

ami. J'aurais bien d'autres choses à vous dire, mais j'attends pour cela que le câble fonctionne plus régulièrement.

Your friend,

JULES RENARD.

9 octobre soir. — C'est presque par acquit de conscience que je mets cette lettre à la poste. J'ai bien peur que, comme la précédente, elle ne parvienne pas jusqu'à vous. Dans le cas où elle vous arriverait, ne tardez pas à me donner signe de vie.

Your old friend,

J. R.

LVI

A Madame ···

Uro, 10 octobre 1877.

Il faut que je vous fasse part d'un changement qui s'est opéré dans mes occupations. Je ne suis plus employé au Génie. Je donne des leçons à quelques enfants dont on a bien voulu me confier l'éducation.

L'une de mes élèves à domicile est une petite fille jolie comme un amour et qui a nom Célina. Avec Mlle Célina, nous en sommes à apprendre à lire, chose aride et grosse de difficultés. Heureusement que la maman est là, toujours prête à donner des bonbons quand la leçon a bien marché.

Je fais dire en ce moment à Célina la fable si belle : *Le loup et l'agneau* ; eh bien ! vous ne sauriez croire tout le plaisir que j'éprouve à noter les impressions faites par ce petit drame sur cette charmante enfant.

Un agneau se désaltérait
Dans le courant d'une onde pure

« Il est si gentil, le petit agneau » dit Célina en levant vers moi ses yeux si beaux à voir.

Un loup...

« Oh ! la vilaine bête ! Il est gros, le loup, et méchant », et, en faisant cette réflexion, elle prononce le mot *loup* d'une voix sourde et bourrue, comme si elle voulait imiter le hurlement de cet animal.

Un loup survient à jeun, qui cherchait aventure,
Et que la faim en ces lieux attirait.

Nous voilà déjà en plein drame ! Les deux premiers vers nous ont montré l'agneau, l'onde pure. Cela ressemblait au commencement d'une idylle ; puis soudain éclatent ces deux mots : *Un loup*. Le tableau riant disparaît ; on n'aperçoit plus que ce rôdeur de mauvaise mine, le loup.

Célina, alors, faisant la grosse voix :

Qui te rend si hardi de troubler mon breuvage ?

Le petit-agneau si doux, si accommodant, est — on le serait à moins — fort interloqué. D'abord, ce breuvage est-il bien celui du loup ? Cela serait sujet à discussion. Mais l'agneau se garde bien de souffler mot sur ce point. Ce qu'il veut avant tout, c'est la paix. Il ne nous le dit pas positivement, mais si la paix pouvait avoir lieu par sa retraite, on voit qu'il s'empresserait de céder la place à son terrible adversaire. Cependant il hasarde quelques mots en toute humilité. Comme Célina comprend bien le rôle de la pauvre créature, et comme elle adoucit sa voix, qui est déjà naturellement si douce !

Sire..., que votre majesté
Ne me mette point en colère,

Sire et *majesté* ! Est-ce assez de condescendance ?

Quel contraste avec l'arrogance du loup !
Et comme la bête cruelle sent bien, dans son for intérieur, qu'elle est sur un mauvais terrain, elle s'empresse de changer l'accusation :

Et je sais que de moi tu médis l'an passé

C'est pleine d'émotion que Célina répète avec l'agneau :

Comment l'aurais-je fait, si je n'étais pas né ?
. . . . . Je tète encore ma mère.

Ce dernier argument, outre qu'il prouve l'innocence de l'accusé, dénote un âge si tendre, une faiblesse si digne de pitié, qu'il faut vraiment avoir l'âme d'un loup pour ne pas être attendri et désarmé. Ma petite amie, qui a dit avec une candeur parfaite : *Je tête encore ma mère,* s'écrie maintenant tout en colère :

Si ce n'est toi, c'est donc ton frère ?

Mot d'un usage terrible, hélas ! Arrivé à ce point du drame, c'est en vain que l'agneau balbutie :

Je n'en ai point ;

le loup, qui a résolu d'en finir au plus vite, ne laisse plus place à la réplique. Il va maintenant parler ou plutôt hurler tout seul, ce qui est un sûr moyen d'avoir le dernier mot.

C'est donc quelqu'un des tiens
Car vous ne m'épargnez guère,
Vous, vos bergers et vos chiens.
On me l'a dit ; il faut que je me venge.

Il faut que je me venge ! C'est par ce mot féroce qu'il clôt son réquisitoire.

Quand je disais que cette fable est un drame et un drame véritable. Mais nous voilà loin de la petite Célina : je voulais tout

16

bonnement vous dire en deux mots que c'est une enfant charmante et que je l'aime beaucoup.

Dimanche, 21 octobre. — C'est le 24 septembre dernier que s'est célébré le 24ᵉ anniversaire de la prise de possession de la Nouvelle-Calédonie par le gouvernement français. Ç'a été trois jours de liesse pour Nouméa, et comme j'ai eu l'insigne avantage de lire dans l'*Officiel* de la localité une grandissime description de la fête, je vous demande la permission de vous en dire un mot. Régates, courses de chevaux, course de poneys, course au cochon, course en sacs, mât de cocagne, feu d'artifice, pilou-pilou, rien n'a manqué. Le tout égayé par la fanfare de l'île de Nou ou musique des forçats. On a festoyé jusqu'à l'aube dans les salons du gouvernement où un alléchant buffet — rien du sénateur de ce nom — avait été dressé. « Là, dit gravement le rédacteur officiel, il y avait uniformes brillants, toilettes charmantes et très-bien portées, galanteries tout aimables, danses animées, surtout une boulangère dont la mémoire vivra longtemps. » Cette tartine serait parfaite et plus que parfaite si, à propos du mât de cocagne, le chroniqueur, qui a mis tant de soin à coudre ses périodes, n'eût laissé un peu trop poindre — je ne dirai pas le bout de l'oreille, persuadé qu'il l'a très-courte — mais plutôt le bout ou tout au moins l'ombre de sa griffe. Jugez vous-même : « Là, dit-il, comme dans tous les autres jeux d'ailleurs, les Canaques remplacent cette fois encore les Gavroches du vieux continent dont la race, bien qu'introduite en Nouvelle-Calédonie depuis plusieurs années déjà, n'a pas pris tout le développement que promettait notre sol, propice pourtant à toutes les mauvaises herbes. » Après cela, si je vous dis que le feu d'artifice a représenté deux nœuds d'amour, une cascade et deux cocotiers, vous en saurez presque aussi long que moi.

JULES RENARD.

LVII

A Madame ***

Uro, 2 février, 1878.

J'ai reçu votre charmante lettre du 19 octobre et j'ai pris un vif intérêt à ce que vous appelez spirituellement votre *excursion de fourmi*. Vous vous trompez en pensant que j'ai traversé la Provence comme prisonnier. La *Garonne*, à bord de laquelle j'ai fait mon voyage en Calédonie, est partie de la rade de l'île d'Aix. D'ailleurs, en wagon cellulaire, il est impossible de voir quoi que ce soit. De Versailles à La Rochelle, je n'ai aperçu ni un brin d'herbe ni un coin de ciel. Tout ce que je me rappelle de cet affreux voyage, c'est que j'étouffais et mourais de soif dans ma cellule.

Ce que vous me dites de Toulon, de sa belle rade, de la richesse des campagnes environnantes, me donne bien envie d'y débarquer un jour. Si ce bonheur m'est jamais accordé, j'en profiterai pour jeter un coup d'œil sur le pays ; les gorges d'Ollioules et Hyères que vous me signalez, feront naturellement partie de mon itinéraire..

Je vois avec plaisir que nous avons ce point commun d'aimer nos vieux amis. Y a-t-il en effet quelque chose de plus doux que de pouvoir, sans crainte ni réticence, verser dans le sein d'un vieil ami le trésor de ses souvenirs? Que d'heures charmantes on passe ainsi! Ce sont les meilleures de la vie, celles qui coulent le plus vite. Je vous envie le privilége de rappeler vos beaux jours à quelqu'un qui les a partagés et qui vous aime. Dante a dit qu'il n'y a rien d'amer comme un souvenir heureux dans un temps de malheur. Cela peut être vrai en un sens ; mais le bonheur que l'on a éprouvé, les affections brisées, les joies disparues n'en ont pas moins un charme mélancolique qui remplit l'âme à de certaines heures et la fait, pour ainsi dire, revivre dans le passé.

Il y a, dans votre lettre, un paragraphe que je ne veux pas laisser sans réponse ; c'est celui dans lequel vous me sermonnez au sujet de mes heures de découragement. Je trouve que vous avez mille fois raison. Mais j'ai eu à traverser des jours tellement sombres qu'il faut me pardonner tout ce que j'ai pu vous écrire d'insensé durant cette période. Les privations et la misère ont, croyez-le, une terrible et fatale influence. Supposez un être humain bien trempé. Placez cet être dans un milieu qui n'est pas le sien, loin de son pays, seul, sans femme ni enfants pour adoucir son sort. Privez-le de nouvelles. Sevrez-le de tout ce qui est un aliment pour la pensée. Réduisez le aux besognes les plus répugnantes. Humiliez le de mille manières. Epiez tous ses actes. Pour nourriture, ne lui donnez que l'indispensable. Et s'il a le malheur de dire un mot, jetez-le au cachot. Appliquez six ans de ce régime à cet homme vigoureux de corps et d'esprit, et vous verrez ce qu'il deviendra.

Une nature d'élite résistera sans doute victorieusement. Quant à moi j'avoue que je me suis vu sur le point de succomber.

Votre vieux prisonnier.

JULES RENARD.

LVIII

A Madame ***

Uro, 6 mars 1878.

J'ai été affreusement triste toute la journée : pourquoi ? A la vérité, ce ne sont pas les raisons qui me manquent, mais ces raisons existaient hier comme elles existeront demain ; pourquoi donc ai-je été aujourd'hui plus triste que de coutume ? J'ai beau m'interroger, j'ai de la peine à répondre d'une façon satisfaisante à cette question.

Pourtant, en descendant au fond, tout au fond de mon cœur, j'en trouverais peut-être la cause.

Je passe chaque jour une heure ou deux au sein d'une famille pour laquelle j'ai beaucoup d'estime. Cette famille se compose du père, de la mère et de petits enfants dont je fais l'éducation. L'accord le plus parfait règne dans cet heureux ménage. Les enfants y sont beaux, bien élevés, aimants et caressants. Quand je pénètre dans cet intérieur béni, il me semble qu'une chaleur vivifiante me gagne le cœur.

Chaque soir les enfants, semblables à trois petits anges, viennent me reconduire ; cela me touche jusqu'aux larmes. Il n'y a rien de rafraîchissant comme l'affection pure et désintéressée de ces chers innocents.

Célina, qui est l'aînée, a cinq ans passés. Elle commence à lire couramment; en m'accompagnant, l'autre soir, elle me dit : — Où donc est votre femme ? — Je n'en ai pas, ma mignonne, lui répondis-je. Elle parut étonnée, réfléchit un peu, puis reprit gravement : — Vous vivez donc tout seul ? — Oui, mon enfant, tout seul. Et la chère petite se mit à rêver, et moi aussi.

Aujourd'hui nous étions à lire. Charles, qui a quatre ans à peine, demande à sa maman de l'embrasser. Naturellement celle-ci s'empresse de le satisfaire. Et moi de dire : — Tu as une bonne maman, mon petit Charlot; il faut bien l'aimer. — Oui, répondit-il en riant; et vous, est-ce que vous en avez aussi une bonne ? — Non, mon enfant, moi je n'en ai plus. Et aussitôt je me sentis des larmes dans les yeux.

Voilà, je crois, pourquoi j'ai été triste aujourd'hui.

Votre ami,

JULES RENARD.

LIX

A M. ***

Uro, le 24 mars 1878.

Cher excellent ami,

J'ai reçu votre bonne lettre de janvier et je vous remercie bien sincèrement des vœux que vous faites pour ma mise en liberté. Ce moment viendra, il faut l'espérer. L'essentiel est que la République soit définitivement fondée. C'est pour tous ceux qui aiment leur pays une grande satisfaction de savoir que les complots tramés en décembre — il paraît que ce mois n'est pas toujours propice aux malfaiteurs — ont avorté misérablement devant l'attitude énergique de la Chambre des députés et aussi devant la loyauté et le patriotisme de l'armée. Les Batbie, les Rochebouët, les Ducrot, tous ces hommes sinistres qui étaient prêts aux mesures les plus odieuses et les plus impies, sont aujourd'hui conspués et vilipendés. La République, au contraire, est sortie triomphante de l'épouvantable crise; ainsi que vous le dites dans votre lettre, elle peut maintenant défier toutes les machinations.

Quant à nous, nous serons sans doute encore oubliés pour longtemps. Vous savez que je ne me fais pas d'illusions, que je ne crois pas à l'amnistie; celle-ci fût-elle votée à la Chambre des députés, ne passerait certainement pas au Sénat. Ce serait comme pour la cessation des poursuites. Il est vrai qu'un tiers du Sénat sera renouvelé au commencement de l'année prochaine; mais d'ici là bien des complications peuvent encore survenir, et je ne me sens pas doué d'assez de perspicacité pour deviner les événements politiques qui s'accompliront dans un avenir aussi éloigné.

Cependant, mon cher ami, soyez rassuré à mon sujet; je me porte très-bien et j'ai repris des forces et du courage. Ces forces et ce courage, je les puise en grande partie dans mes relations avec vous, dans ces bonnes et affectueuses lettres que vous m'écrivez et que je conserve si précieusement. Il faut avoir passé par la cruelle situation où nous sommes pour se rendre compte des consolations qu'on trouve dans une amitié comme la vôtre.

Adieu, portez-vous bien, et croyez-moi toujours votre ami dévoué,

JULES RENARD.

LX

A M. A. G.

Uro, 4 mai 1878.

Mon cher ami,

Il ne pouvait m'arriver de surprise plus agréable que celle de votre lettre du 16 janvier. Merci du fond de mon cœur, et croyez que mes sentiments pour vous n'ont pas changé. Lorsque nous nous reverrons, ce qui aura lieu un jour ou l'autre, je vous donnerai sur bien des points, aujourd'hui obscurs pour vous, les explications nécessaires. Quant à présent, comme mes lettres sont lues, relues et commentées, je ne puis vous dire qu'une chose, c'est que je continue à avoir pour vous l'amitié d'autrefois.

J'ai bien souffert, mon vieil ami, depuis bientôt sept ans que je suis captif. Mais aujourd'hui il semble qu'une petite éclaircie se soit faite dans mon ciel. L'île des Pins, que j'habite depuis le 6 décembre 1877 par suite de la commutation de ma peine en celle de la déportation simple, est un endroit assez agréable — du moins autant qu'un lieu de captivité peut l'être. J'y vis assez tranquille. J'occupe mes journées à donner des leçons à une demi-douzaine d'enfants dont plusieurs sont réellement gentils et intelligents. Cela m'intéresse et m'assure la vie matérielle, de sorte qu'il ne me reste plus, pour ainsi dire, qu'à me raidir contre les privations et les misères morales.

Ces dernières, d'ailleurs, sont encore suffisantes pour miner l'homme le mieux trempé. Ce pays est un pays malsain. L'hypocrisie, l'intrigue, la platitude y fleurissent aussi bien que dans les anciennes cours, et, comme dans les anciennes cours, y mènent trop souvent à la faveur. Tel est en odeur de sainteté parce qu'il se fait l'homme-lige des missionnaires ; tel autre parce qu'il salue en décrivant un angle de 90 degrés, etc. Bref, mon ami, tout le monde n'est pas parfait en Calédonie. On n'y est surtout point parfait quand on a le malheur d'être né sans un roseau dans la colonne vertébrale. Aussi l'art de se faire punaise a-t-il atteint ici un degré de perfection inconnu à la vieille Europe et capable de faire tressauter dans sa tombe le cardinal Dubois lui-même.

Cela vous explique assez, n'est-ce pas, que je ne suis pas précisément dans mon milieu. Mais enfin, il faut se résigner, c'est encore le parti le plus sage ; du reste, je n'ai pas l'embarras du choix.

Je vous remercie sincèrement des détails que vous me donnez sur votre situation présente et je fais les vœux les plus affectueux pour votre bonheur.

Adieu, mon cher et vieil ami ; ne m'oubliez pas auprès de votre excellente mère.

A vous de cœur,

Jules Renard.

LXI

A M. A. G.

Uro, 25 juillet 1878

Mon cher ami,

Je vous ai promis par le dernier courrier des détails sur l'île des Pins; ne vous effrayez donc pas si ma correspondance est plus volumineuse qu'à l'ordinaire.

L'île des Pins a sensiblement la forme d'une ellipse de quatre lieues de long sur trois de large. Le centre est un plateau stérile où afflue le minerai; tout autour et jusqu'au bord de la mer s'étend une vaste ceinture de verdure. Ici ce sont des bouquets de cocotiers dont les palmes gracieuses se découpent sur l'azur du ciel; là des banians gros comme des maisons; plus loin des kaoris, sveltes et rectilignes; le bois de rose, le bois de fer, le cohu, l'acacia et plusieurs autres essences remarquables y croissent avec une exubérance tropicale parmi la fougère et des lianes de toute sorte. Le niaouli est le seul arbre qui détonne, par son lugubre aspect, dans cette belle végétation.

A deux kilomètres environ de Kuto (résidence du commandant de l'île), commence la première commune ou Uro, dominée par quelques pics dont le plus élevé est le pic N'ga. Cette commune est pour ainsi dire le chef-lieu de la déportation. C'est à Uro qu'est l'église, située sur le flanc d'une colline, et l'hôpital qui ressemble un peu trop peut-être à une caserne ou à une prison. Il y a aussi une petite bibliothèque dont la direction est confiée à un P. mariste. La prison est vaste et massive. C'est malheureusement, ici comme dans l'enceinte fortifiée, un correctif nécessaire.

La première commune est plus vivante que les autres. Il y a des marchands de vins, des boutiques d'épicier, des bureaux de tabacs, des restaurants, etc. La population y est d'environ huit cents habitants. On y touche les vivres et les vêtements de la même façon qu'à la presqu'île Ducos. C'est à peu près le même train-train d'existence ; mais combien plus à l'aise ne s'y trouve-t-on pas! Les cases sont sous bois et à une certaine distance les unes des autres, de sorte qu'il est possible de se constituer un *home*.

Les quatre autres communes sont situées sur la route de Kuto à Gadgi, à deux ou trois kilomètres l'une de l'autre. C'est à la cinquième qu'on a formé le camp des Arabes, qui sont au nombre d'environ soixante-dix.

La mission de Vao est intéressante. On y arrive après avoir descendu un chemin de pente rapide. La vallée est pittoresque. L'église, située au pied de la colline, la maison des Pères et quelques autres constructions de moindre importance, telles que école, scierie, etc., attirent tout d'abord l'attention. J'ai visité la Mission par une belle matinée de mai ; le paysage m'a paru splendide ; encore humides de rosée, les cocotiers, les bananiers, les orangers scintillaient sous les premiers feux du jour. Les Canaques s'éveillaient et se levaient ; de tous côtés on voyait les *pikinini* ou petits enfants se débarbouiller au savon dans les ruisseaux argentés qui sillonnent la vallée.

Il y a à la Mission, une école dirigée par un frère nommé Alexandre. Je lui rendis visite et je lui dis que, m'étant occupé d'enseignement, je serais bien aise de me renseigner auprès de lui sur les aptitudes des Canaques. Le frère Alexandre me répondit qu'il était à Vao depuis un an seulement et que des progrès sérieux avaient été faits par ses élèves pendant ce court laps de temps. D'ailleurs, il n'en est pas à son début en Calédonie ; pendant huit ans, il a appartenu à l'établissement de Saint-Louis sur la Grande-Terre. Il préfère toutefois ses nouveaux élèves : « Je n'ai pas d'autre ambition, me dit-il, que celle de leur apprendre à lire et à écrire; quant au calcul, c'est déjà très-difficile pour eux. » Il voulut bien ensuite placer sous mes yeux quelques cahiers d'écriture ; je vis, entre autres, l'écriture du chef ou roi Samuel ; ce n'est pas la meilleure. Il semble que, comme Charlemagne, ce souverain ait les doigts trop raides et la main trop rude pour former les déliés, mais il paraît qu'à l'instar du vieil empereur, il y apporte toute l'assiduité et toute la bonne volonté désirables.

Après avoir pris congé du frère Alexandre, je vis tous les garçons défiler sur deux rangs pour se rendre à l'église; les pikinini en tête, les jeunes gens, déjà forts et bien découplés, aux derniers rangs. Tous sont nû-tête et pieds nus. Leur costume consiste en un pantalon très-court et une chemise ; un ruban passé autour de leur cou laisse pendre sur leur poitrine un crucifix et une médaille de la vierge.

Après le défilé des garçons vint le défilé des jeunes filles. Celles-ci sont placées sous la direction d'une religieuse. Je ne saurais dire au juste l'âge de celles qui forment l'arrière-garde ; en France, on leur donnerait de seize à dix-huit ans, mais il paraît qu'en réalité elles sont beaucoup plus jeunes. Leur corps est drapé dans une grande chemise ou peignoir de couleur claire, et plus d'une d'entre elles pourrait légitimement répéter ces paroles de l'Ecriture ; *Nigra sum, sed formosa*. Ce que Lamartine appelle quelque part les ondulations de la jeunesse se dessine vigoureusement sous leur vêtement flottant.

Mais voici le chef Samuel qui s'approche ; il est vêtu à l'européenne : chapeau de paille aux larges bords, pantalon de drap, habit à boutons d'or, chemise repassée, cravate, bottines, rien ne manque au costume. C'est un homme aux traits réguliers et à la physionomie intelligente ; le visage est enveloppé d'un collier de barbe noire. La reine Hortense l'accompagne ; c'est la seule femme qui ait des bas et des chaussures ; son vêtement est bleu et de même forme que celui de ses compagnes ; mais son teint est moins coloré, sa chevelure plus abondante, ses allures moins craintives ; à son doigt brille un anneau. Chemin faisant, elle adresse aux guerriers, aux jeunes femmes et aux enfants qui se trouvent sur son passage, quelques paroles de bienveillance. Elle sourit volontiers, ce qui laisse apercevoir ses dents qui sont très blanches. La foule des Canaques se presse et entre à la suite du couple royal. Voilà de jeunes mères avec leurs enfants à la mamelle, puis des anciens aux cheveux blancs, qui tremblent et marchent courbés ; puis de vieilles femmes ridées, flétries, horribles à voir.

Ayant eu la fantaisie d'allumer une cigarette, je fus bientôt entouré de Canaques qui me tendaient leur vieux bout de pipe d'une façon significative. Naturellement je me laissai dépouiller de mon paquet de tabac. Cela me procura l'occasion de remarquer bien des types curieux. On me signala, entre autres, un vieillard décrépit, à la figure affreusement plissée, et sur la tête duquel quelques rares cheveux blancs faisaient un effet sinistre ; il me causait déjà beaucoup de répugnance, mais quelle ne fut pas mon horreur quand on m'affirma que ce vieux mécréant, nommé Moindou, avait, dans sa jeunesse, mangé *du blanc.*

J'allai ensuite me promener au bord de la mer. Arrivé quelques minutes plus tôt, j'eusse vu les Canaques se baigner, les hommes d'un côté, les femmes de l'autre ; mais ces messieurs et ces dames avaient terminé leurs ébats quand j'atteignis la plage. Il ne restait là qu'une horrible mégère, semblable à quelque sorcière de Shakespeare. Elle se roulait sur le sable, la tête nue et rasée Un lambeau de peignoir couvrait à demi son affreuse nudité. Jamais je ne vis de créature humaine aussi repoussante. J'ai encore devant les yeux ses jambes grêles, son torse noir et luisant, ses yeux hagards et son visage flétri et ignoble. Je n'ai plus de peine à comprendre maintenant que certaines peuplades enterrent vifs leurs vieillards.

Les cases canaques ressemblent beaucoup aux nôtres ; ce sont des constructions en terre et en chaume, avec cette seule différence qu'elles n'ont aucune fenêtre pour donner de l'air et de la lumière. Les murs sont quelquefois tapissés à l'extérieur d'écorce de niaouli. Quelques morceaux de bois sont allumés au centre de la pièce. Plusieurs familles habitent souvent sous le même toit. On couche, chacun dans un coin, sur des nattes plus ou moins grossières.

L'église, dit-on, a été bâtie par un forçat aidé des indigènes. C'a dû être un travail énorme, car elle a presque les proportions de celle d'Uro. Pour embrasser d'un coup-d'œil tout le territoire de la Mission, j'ai monté à une petite chapelle dite de *la Salette*. De là, on aperçoit la maison des Pères construite à l'européenne, avec un étage; l'école, le dortoir des garçons sous les cocotiers, les étables où sont groupées les vaches, un atelier à bois et à fer, la scierie hydraulique, etc. De l'église jusqu'à la mer s'étend une grande avenue, qui n'est pas encore entièrement achevée. L'école des filles est à moitié cachée sous des bosquets d'orangers, de cocotiers et de sapins. En face de Vao émerge une grande île qui ressemble à un immense tapis de verdure. De tous côtés s'étale la végétation luxuriante des tropiques : maïs, taro, ignames, bananiers, orangers, sapins, cocotiers, etc. L'ensemble est baigné de lumière et arrosé par de limpides petits ruisseaux qui vont en murmurant porter leur mince tribut à la mer.

Un autre dimanche, je suis allé visiter Gadgi. Les Canaques habitant ces parages étaient partis à Vao pour le culte. Dans toutes mes marches et contre-marches sur leur territoire, je n'ai rencontré qu'un homme et une femme. La femme était seule et portait un fardeau. Elle s'effaça de la route lors de mon passage. Voyant son embarras, je n'essayai pas de nouer conversation avec elle; elle était vêtue d'une sorte de peignoir beaucoup trop large et peu fait pour relever ses charmes, en admettant qu'elle en eût.

L'homme, que j'aperçus un peu plus loin, tomba à point pour satisfaire la soif dont je commençais à souffrir. Moyennant la promesse de quelques sous, il grimpa avec l'agilité du singe à un cocotier chargé de fruits et en fit tomber une vraie grêle. Je me régalai de lait de coco et nous causâmes. Ce

Canaque put me dire à sa façon les choses suivantes :

1° Qu'avant l'arrivée des missionnaires, l'anthropophagie était pratiquée en Nouvelle-Calédonie ;

2° Qu'avant le P. Goujon, *ils n'avaient pas de bon Dieu* ;

3° Que toute leur religion consistait en une espèce de culte envers leurs morts.

Je visitai un certain nombre de cases, et notamment celle du chef Samuel, laquelle est entourée de fortifications tout à fait primitives. Ces fortifications consistent en troncs d'arbre d'environ trois mètres de haut et enfoncés verticalement en terre l'un à côté de l'autre. Des sculptures grossières ornent les portes d'entrée. On pénètre dans l'intérieur du fort par une voûte basse et étroite pratiquée dans le pied d'un énorme banian qui étend ses rameaux sur la plus grande partie de l'enceinte. A côté se trouve un chantier de construction où les indigènes font leurs pirogues.

Le paysage est remarquable, mais moins pittoresque qu'à Vao. Cependant de petits îlots, dont la base madréporique s'est rétrécie par suite du travail lent de la vague, forment, à quelques encâblures de la plage, de véritables corbeilles de verdure qui frappent l'œil et semblent trahir la main de l'homme.

Voilà, mon cher ami, une vraie tartine sur l'île des Pins. De votre côté, écrivez-moi aussi, et longuement.

Adieu, je me porte assez bien et vous prie de croire à mes meilleurs sentiments d'affection.

Votre vieil ami,

JULES RENARD.

LXII

La *Marseillaise*.

C'était en août 1870. La guerre était déclarée, la patrie envahie. Les hommes de ma génération n'avaient pu entendre les accents de la *Marseillaise*, sévèrement proscrite, quand, soudain, l'homme qui régnait alors sur la France, se sentant comme poussé à l'abîme par une force irrésistible, conçut le projet de galvaniser la nation en faisant chanter officiellement l'hymne immortel de Rouget de l'Isle. Alors j'ouïs la *Marseillaise* pour la première fois. Elle sortait, prostituée, de la bouche impure et grimaçante des policiers du dernier empire. Heure d'angoisse qui est restée pour tous un cauchemar impossible à oublier.

Huit années se sont écoulées depuis, huit années pendant lesquelles la France a subi bien des crises douloureuses, mais qui n'ont pas été vaines puisqu'elles ont amené, en fin de compte, l'établissement de la République, de la République pour laquelle, quoi qu'on en ait dit, nous avons combattu, et pour laquelle nous souffrons encore. Avec la République, la *Marseillaise* nous est revenue. Elle a fait sa rentrée par la grande porte le 30 juin dernier, lors de la fête nationale, après le discours de M. de Marcère. A cette place même où nos pères ont célébré la Fédération, elle a été chantée à pleine poitrine, non plus par des « blouses blanches » ou des actrices subventionnées, mais librement, spontanément, par tout ce que Paris renferme de patriotes et de républicains. Contraste frappant ! En 1870, un enthousiasme tarifé, factice, écœurant, et pour perspective les hontes de la défaite ; en 1878, la joie dans tous les cœurs, une vraie solennité nationale, et pour devise ces deux mots : *Paix et travail.*

On ne trouvera peut-être pas hors de propos que, du fond de l'exil, nous saluions la réapparition de la *Marseillaise* et que nous en esquissions sommairement l'histoire.

La grande Révolution est commencée depuis trois ans. La guerre vient d'être déclarée (avril 1792). L'évènement importe surtout à nos armées du Rhin et de la

Moselle. L'Alsace, la patriotique Alsace, est prête à recevoir le choc.

A Strasbourg, le maire Diétrich fait bravement son devoir en stimulant tous les courages. Le soir de la proclamation publique de la déclaration de guerre, il invite à dîner les chefs des volontaires de la ville et quelques officiers. Le capitaine du génie Rouget de l'Isle, intime de la maison, s'y trouve. Il y a en tout douze convives. De quoi peut-on parler dans cette petite réunion si ce n'est de la patrie en danger ? A la fin du repas, les têtes sont un peu échauffées et, d'un commun accord, on demande à Rouget de l'Isle, qu'on sait poète et musicien, un chant de guerre.

Rouget de l'Isle promet d'essayer. Quand il sort de chez Diétrich, il est nuit ; les rues sont silencieuses, encombrées de canons, de chariots de guerre, de faisceaux d'armes ; à cette heure solennelle, la patrie désigne cet homme, cet inconnu qui passe dans l'ombre, pour donner du cœur aux plus timorés de ses enfants.

Rentré chez lui, le jeune officier se sent comme pris d'une inspiration soudaine. Il saisit son violon et le voilà qui compose son œuvre immortelle. Il est soldat, l'ennemi est à deux pas, la patrie est frémissante, la liberté fait entendre sa voix magique... Ces impressions, qui de nous ne les a ressenties? Nous avons traversé les jours sombres de l'invasion. Nous aussi, nous connaissons ces instants terribles où les hommes de cœur s'abordent, pâles et muets, des larmes dans les yeux, avec la sinistre pensée des désastres de la patrie. Mais un Rouget de l'Isle seul sait jeter sur le papier quelques notes et quelques vers indignés, enflammés ; seul il sait formuler noblement le cri de guerre et de liberté.

Quand, moins de quarante-huit heures après sa composition, l'hymne est chanté dans Strasbourg, les soldats, en sortant des portes, se disent entre eux : « Qu'est-ce donc que cet air-là qu'ils nous ont chanté ? On dirait qu'il a des moustaches. »

Il nous reste à expliquer comment cet air à moustaches, improvisé à Strasbourg dans la nuit du 21 au 25 avril 1792, prit et conserva le nom de *Marseillaise*.

Diétrich dirigeait à Strasbourg un journal dans lequel l'œuvre de Rouget de l'Isle fut publiée, paroles et musique.

Ce journal parvint à Marseille. Les fédérés marseillais, frappés de la beauté de l'hymne, l'adoptèrent et le chantèrent en entrant à Paris le 30 juillet, d'où son nom de *Marseillaise*.

A partir de ce moment, la *Marseillaise* se répand avec une rapidité inouïe. On la réclame dans les spectacles. Quand elle retentit, les têtes se découvrent, les armes s'agitent. Au dernier couplet : «Amour sacré de la Patrie ! » La foule tombe à genoux.

La *Marseillaise* est peut-être le plus beau chant du monde entier, c'était un non-sens, pour ne pas dire plus, de la voir proscrite sous la République. Félicitons-nous de ce qu'elle soit reprise aujourd'hui comme hymne national, en attendant qu'elle redevienne, le cas échéant, le chant de guerre de la patrie en danger.

12 décembre 1878.

LXIII

Lettre d'un bon villageois, déporté, à M. le commandant Olry, gouverneur de la Nouvelle-Calédonie.

Uro, 15 janvier 1879.

Monsieur le Gouverneur,

Je ne suis qu'un simple villageois et n'ai que mon grain de bon sens pour juger les hommes et les choses, ce qui fait peut-être que je ne suis pas toujours d'accord avec les gros bonnets. Ce que je dis, je le pense, et ce que je pense je le dis, bien qu'il m'en cuise quelquefois. Je n'ai pas beaucoup d'idées, mais celles qui me sont entrées dans la tête ressemblent à des clous enfoncés dans un morceau de bois dur : on ne peut les retirer qu'à grand'peine.

Or, Monsieur le Gouverneur, excusez la liberté grande, mais, depuis quelque temps, j'ai une terrible démangeaison de vous écrire. Et cela parce que je me suis fait de vous une idée qui vous fera peut-être sourire, mais que je suis incapable de vous celer plus longtemps. « M. le commandant Olry, me suis-je dit bien souvent à part moi, est un de ces braves marins pas fiers du tout qui ne cherchent qu'à connaître la vérité et à faire le bien ; à preuve, c'est qu'il reçoit tout le monde, cause avec bienveillance aux plus grincheux d'entre nous et laisse imprimer librement des gazettes où l'on débite parfois des choses qui ne sont pas de saison et d'autres fois aussi des âneries qui feraient rire à gorge déployée un paysan encore moins éduqué que moi. » Telle est, Monsieur le Gouverneur, l'opinion qu'à tort ou à raison je me suis faite de vous. Elle est peut-être un peu naïve, mais à coup-sûr elle est sincère, et si je vous l'exprime, ce n'est pas pour vous flatter, c'est tout bonnement pour vous expliquer comment moi, condamné à une peine aussi afflictive qu'infâmante, j'ose me permettre de vous écrire. Le plus grand éloge, d'ailleurs, que je puisse faire de votre caractère, c'est de constater qu'une semblable pensée me soit venue à l'esprit sous votre gouvernement ; car bien assurément elle n'eût jamais germé dans mon cerveau sous tel de vos prédécesseurs que je me garderai bien de nommer, ayant reçu pour principe de feu ma grand'mère de ne jamais parler mal des absents.

Bref, Monsieur le Gouverneur, j'ai à vous entretenir d'une question essentiellement délicate, d'une question qui intéresse des milliers de personnes et même des milliers de familles, d'une question enfin qui mérite, à tous égards, de fixer l'attention d'un honnête homme comme vous.

Cette question, Monsieur le Gouverneur, c'est, vous l'avez peut-être deviné, la question de la correspondance ; de la correspondance entre nous, déportés, et nos familles, entre nous et les rares, très-rares amis qui nous sont restés fidèles.

Dans les premières années de notre captivité, nos lettres nous étaient remises fermées, et celles que nous adressions en France avaient l'avantage de partir dans les mêmes conditions.

Monsieur le Gouverneur, je ne suis qu'un pauvre villageois, c'est-à-dire un esprit peu cultivé, peu versé dans l'étude des lois qui régissent les sociétés humaines. Je déclare même ne connaître qu'imparfaitement celles qu'on a faites tout exprès pour nous, déportés. Toutefois, si j'en crois les fortes têtes qui m'entourent, gens qui dissertent avec assurance et épiloguent du matin au soir sur les thèmes les plus divers, il paraît que le législateur reste muet, complètement muet, au sujet de la correspondance des déportés. D'aucuns vont même jusqu'à affirmer que ce silence de la loi peut être interprété en notre faveur, puisque M. l'amiral Pothuau, lors de son premier ministère, en 1872 et 1873, nous laissait la faculté de recevoir et d'expédier nos lettres cachetées. Or, comme en bonne justice, la peine de la déportation doit être uniforme dans son application, il m'est absolument impossible de comprendre que nos lettres nous aient été d'abord délivrées fermées, puis subitement remises ouvertes. J'ai le malheur, je le confesse en toute humilité, de ne rien entendre à ces brusques variations de régime. Il faut, pour moi, qu'une lettre soit ouverte ou fermée. Sans cela, j'y perds mon latin et je tourne constamment dans le cercle que voici : Où la peine de la déportation comporte la lecture de la correspondance des déportés, et dans ce cas on devait lire ladite correspondance dès le commencement; ou cette peine n'implique pas une telle rigueur, et alors comment se fait-il qu'en 1874 on ait pris soudain cette décision qui nous est si pénible et si préjudiciable ?

Entre nous, je sais bien, Monsieur le Gouverneur, que ce qui a le plus contribué à nous faire appliquer cette mesure, la plus dure, la plus humiliante et peut-être aussi la plus grave à laquelle on nous ait soumis, c'est la fameuse évasion de nos anciens camarades Henri Rochefort, Paschal Grousset, François Jourde, Olivier Pain, etc. Ainsi, parce que ces messieurs ont jugé à propos de cesser d'être rationnaires de l'Etat en prenant passage à bord du P. C. E., voilà qu'on se met à ouvrir nos lettres, à retenir nos journaux et à forger un tas d'arrêtés plus échevelés les uns que les autres. C'était un peu aboyer à la lune, comme aurait pu dire feu mon grand-père, car il faut bien reconnaître que tout ce beau zèle, tous ces règlements nouveaux furent absolument impuissants à ramener à la culture de ses eucalyptus et à sa paillotte de la presqu'île Ducos, l'ancien membre du gouvernement de la Défense nationale qui, en somme, était le seul prisonnier auquel bonapartistes et cléricaux tinssent sérieusement.

Mais, Monsieur le Gouverneur, je m'aperçois que je bats la campagne et que je m'attarde à des réflexions qui n'ont plus de raison d'être, du moins sur plusieurs points. En nous accordant franchement la liberté de la presse, vous avez fait une bonne et louable action, puisque la lecture des journaux et les conversations qui s'en suivent ont pour premier résultat de mettre fin aux fastidieuses discussions sur le Comité central, la Commune, la garde nationale et les conseils de guerre. Le fait est qu'avant votre arrivée parmi nous, nous ressemblions assez à des horloges qu'une secousse violente a détraquées et qui marquent toujours la même heure, tandis qu'aujourd'hui, grâce à votre libéralisme, nous commençons à renaître à la vie nationale. De cela, Monsieur le Gouverneur, je vous suis sincèrement reconnaissant; même que, si le hasard me fait vous rencontrer un jour, je me ferai un vrai plaisir de vous tirer mon chapeau.

Car, voyez-vous, Monsieur le Gouverneur, j'ai bien peur qu'on nous ait peints, mes compagnons et moi, sous des couleurs par trop sombres. C'est si facile de déblatérer contre de pauvres hères qui n'en peuvent mais ! N'êtes-vous pas pourtant à même de constater que personne d'entre nous ne vous manque de respect ? Moi qui entends toutes les cloches, je vous dirai plus, c'est qu'on n'est pas content chez nous quand on vous voit attaqué dans les feuilles réactionnaires et cléricales.

Nous avons donc confiance en vous, Monsieur le Gouverneur, et c'est pourquoi je viens vous demander respectueusement de vouloir bien plaider, auprès de M. le ministre de la marine, la liberté de la correspondance pour la déportation.

J'ai l'honneur d'être, Monsieur le Gouverneur,

Votre très-obéissant serviteur,

Un bon villageois.

LXIV

RÊVERIE

S'il est une heure plus particulièrement pénible à passer pour nous, c'est sans contredit cette heure indécise, crépusculaire, qui s'étend depuis le coucher du soleil jusqu'à la tombée de la nuit. Soit que le calme extérieur se trouve être plus profond alors qu'aux autres instants de la journée, soit que le contours des objets devenant plus vagues laissent à l'esprit plus de force pour se replier sur lui-même et s'abstraire dans les pensées intimes, soit enfin que par suite des vieilles habitudes de notre enfance le moment où le jour baisse se confonde dans nos souvenirs avec celui des réunions de famille, toujours est-il que cette heure est entre toutes celle où nous ressentons le plus vivement l'isolement et l'abandon. Je ne veux pas dire par là que la solitude et la rêverie n'aient pas leurs bons côtés; mais la rêverie, qui est si douce, si agréable pour les gens heureux, deviendrait bientôt pour nous, si nous n'y prenions garde, un véritable poison ; car de même qu'on peut s'empoisonner en respirant le parfum de certaines fleurs, de même on peut s'empoisonner avec certaines rêveries.

Assurément cette île, que nous ne pouvons voir que sous le jour crû, étroit et faux de gens qui voudraient la quitter au plus vite, n'est pas dépourvue de charmes. L'ombre et la fraîcheur de ses forêts, l'imposante grandeur des lames qui viennent baigner ses plages, la douceur de son climat, la pureté de son ciel, la majesté de ses nuits étoilées, les murmures de ses petits ruisselets argentés qui rappellent la *Voulzie*, d'Hégésippe Moreau, tout cela serait bien propre à alimenter nos rêveries et à nous attacher à ce sol sur lequel on nous a transplantés, si l'oiseau pouvait se résigner à sa cage, si le banni pouvait oublier la patrie. Mais l'ensemble de ces bonnes choses nous laisse indifférents parce que, sans la liberté, l'homme ne comprend plus rien aux beautés de la nature.

Comment pourrait-il, en effet, être sensible aux avantages extérieurs qui lui sont offerts, quand il lui manque *la chair de sa chair*, s'il m'est permis de me servir de cette expression biblique ? Comment pourrait-il s'émouvoir à la vue de quelque scène grandiose ou de quelque paysage enchanteur, quand il sait qu'une vieille mère ou un enfant orphelin le pleure et le réclame ?

Certainement c'est un grand spectacle que celui de l'Océan avec ses forces incalculables, ses forêts sous-marines, ses polypes qui continuent l'œuvre génésiaque ; mais il y a un spectacle qui est bien plus grand encore, c'est celui de la famille groupée autour de son chef, c'est cette chose délicieuse qu'on appelle le foyer et qui n'existe pas pour l'exilé. *Il n'est pas bon que l'homme soit seul,* dit la Genèse, et la Genèse a raison.

Il lui faut une compagne ; il faut qu'il se voie revivre dans ses enfants. C'est la loi de la nature, ce sont les conditions premières de l'existence. Autrement elle n'est plus qu'un je ne sais quoi de rude, de vide et d'anormal, dont les joies intimes sont proscrites.

29 janvier 1879

LXV

Lettre d'un bon villageois, déporté,
à
M. Bardoux.

Ministre de l'instruction publique, des cultes
et des beaux-arts.

Uro, 15 février 1879.

Monsieur le Ministre,

Je commence par vous déclarer, la main sur la conscience, que je n'ai de ma vie incendié la moindre bicoque ni contribué en aucune façon à l'exécution de n'importe quel otage. Il n'entre pas dans mon caractère, qui est placide et même quelque peu débonnaire, de me complaire à voir flamber quoi que ce soit ou rendre l'âme à qui que ce puisse être. Je n'ai pas, et je m'en félicite, une goutte du sang des Césars dans les veines. Rome en feu ne me causerait que de l'horreur et les jeux sanglants du cirque ne m'inspireraient qu'un invincible dégoût,

Vous me pardonnerez, monsieur le ministre, ce préambule. On nous a tant défigurés depuis bientôt huit ans que de très-braves gens ne sont pas loin de croire que nous avons les pieds fourchus, le front cornu, la barbe en pointe, en un mot que nous ressemblons plus à des boucs ou à des diables qu'à des hommes : d'aucuns vont même jusqu'à insinuer de la façon la plus doucereuse que nous avons l'habitude aussi déplorable qu'invétérée de boire chaque matin, en nous levant, un grand verre de sang en guise de quinquina.

Je sais bien, monsieur le Ministre, que républicain et ami des lumières comme vous l'êtes, vous n'avez jamais cru un traître mot de toutes ces billevesées plus grotesques encore qu'elles ne sont odieuses. Vous n'êtes pas de ceux à qui la passion de parti a bouché les deux yeux et les deux oreilles ; et si vous réprouvez sévèrement, comme ministre des beaux-arts et comme citoyen, les incendies allumés dans Paris par des mains criminelles ; si, comme ministre de l'instruction publique et comme patriote, vous vous sentez frémir des pieds à la tête à la pensée que quelque Érosrate de bas étage ait conçu le sinistre projet de convertir en une poussière noirâtre les trésors amassés dans nos bibliothèques, vous savez aussi que ces desseins et ces actes inouïs sont le fait d'une bande de misérables fous, et qu'il serait de toute injustice d'en rendre responsable M. Elisée Reclus, par exemple, qui faisait partie de la garde nationale fédérée.

Telle est, Monsieur le Ministre, mon opinion sur les incendies de mai 1871. Pour ce qui est de la question des ôtages, je vous ai déjà indiqué plus haut mon sentiment. Les exécutions sans jugement, les fusillades à tort et à travers m'ont toujours consterné, de quelque côté qu'elles vinssent. Paysan tout rond, bonhomme qui n'a ni haine ni fiel au cœur et qui se laisserait, le cas échéant, tondre la laine sur le dos plutôt que de faire du mal à une mouche, les émotions violentes, le sang qui coule, les cadavres amoncelés ne cadrent pas du tout, je le répète, avec mes goûts. Le fanatisme, Monsieur le Ministre, est une infirmité pour laquelle je me suis toujours senti une vive répulsion.

Je compte au nombre de ceux qui estiment que la nature humaine n'est ni essentiellement bonne ni essentiellement mauvaise. En un mot, je suis un bon villageois dans la plus ample acception du terme, un grand naïf, si vous voulez, mais un naïf qui a toutefois assez de bon sens pour prendre le temps comme il vient, le vent comme il souffle, les femmes pour ce qu'elles sont et les hommes d'Etat pour des personnages qu'il n'est pas prudent de molester.

Ceci dit, Monsieur le Ministre, et dit uniquement pour que vous ne me considériez pas de prime abord comme le dernier des gâteux ou des énergumènes, permettez-moi de prendre la respectueuse liberté de vous donner copie d'une lettre qui vaut son pesant d'or, d'une lettre qui, émanant d'un membre du clergé français, mérite, à tous égards, d'être placée sous vos yeux, d'une lettre enfin qui, à coup sûr, servira à votre édification personnelle et aussi à celle des collègues ou amis républicains auxquels vous jugerez sans doute à propos de la communiquer, ne serait-ce que l'histoire de rire un peu.

Mais avant de vous transcrire cette épître vraiment incomparable, souffrez, Monsieur le Ministre, que je vous rappelle que la dé-déportation compte quatre aumôniers émargeant au budget de l'Etat : trois catholiques et un protestant. De l'aumônier protestant, je ne vous dirai qu'une chose, c'est que c'est un homme libéral, dont les bonnes sœurs de Saint-Joseph de Cluny se gaussaient au temps béni du gouvernement ordre-moralien. Et ici, Monsieur le Ministre, bien que je sois extrêmement pressé d'arriver à la fameuse lettre en question, je ne puis résister au désir de vous faire le récit d'un petit fait dont j'ai été témoin. Que si c'est une indiscrétion de ma part, je compte sur votre indulgence pour me la pardonner, par ce motif qu'on doit la vérité aux gens en place ; or je vous affirme que ce que je vais vous narrer est la vérité réduite à son expression la plus limpide.

C'était, comme je viens d'avoir l'honneur de vous l'écrire, à l'époque où l'ordre-moral régnait en France et dans les colonies françaises. L'excellent pasteur C..., auquel je fais allusion, venait de faire vingt-cinq lieues pour visiter ses coreligionnaires de l'île des Pins, au nombre desquels, entre parenthèses, je n'ai pas l'honneur de compter. Naturellement l'air de la mer lui avait ouvert l'appétit et, comme d'après les règlements en vigueur chez nous, les aumôniers, tant catholiques que protestants, doivent être nourris à l'hôpital, il était sans contredit, du devoir des religieuses attachées à l'établissement hospitalier d'Uro, de tenir chaud le souper du révérend Léon C...

J'ai, Monsieur le Ministre, la bonne fortune d'avoir été mis en rapport avec ce dernier qui par sa bonhomie fine, sa parole franche, son humeur tolérante et son air tant soit peu bénisseur, me rappelle vaguement la sympathique figure du docteur Primrose dans *Le Vicaire de Wakefield*. Aussi n'avais-je pas manqué d'aller lui serrer la main dès que j'avais été informé de sa présence dans notre île, c'est-à-dire dès son arrivée, car il faut que vous sachiez, Monsieur le Ministre, que les nouvelles se répandent dans ce pays avec une rapidité dont le téléphone seul peut vous donner une idée, à vous autres habitants de la vieille Europe.

Et c'est ainsi qu'il me fut loisible de constater, *de visu*, que l'accueil fait à l'émule de l'aimable héros de Goldsmith ne fut pas précisément ce qu'on peut rêver de plus cordial. De cela, Monsieur le Ministre, je ne m'étonne pas outre mesure, comprenant de reste que de vieilles filles qui ont fait vœu de chasteté et qui sont confites en tout ce qu'on voudra, ne se jettent pas indécemment à la tête du premier huguenot venu.

Mais où je ne pus m'empêcher de tomber de mon haut, ce fut quand je vis apporter sur la table du digne pasteur, lequel avait bien voulu insister pour que je lui tinsse compagnie, quoi? — Du gras double! Je vous avoue que ce fut à peine si j'en crus mes yeux. Même que j'eus un instant l'envie de me rendre immédiatement chez le missionnaire catholique pour m'assurer si les cultes étaient bien réellement égaux devant le gras double. Mais après avoir réfléchi, il me vint à l'esprit quelques scrupules, et j'ai préféré, dans le doute, supposer que le gras-double a, par exception, figuré ce soir-là sur la table de tous les officiers ou assimilés traités par l'hôpital de l'île des Pins.

Cette histoire de gras-double est certainement très-insignifiante par elle-même, mais elle m'a paru typique et, je vous prie, Monsieur le Ministre, de m'excuser d'avoir cédé à la tentation de vous la conter. Ce qui me rassure, c'est que je songe que vous ne perdrez rien pour avoir attendu, car voici enfin la copie exacte et collationnée sur l'original, de la très-curieuse, très-précieuse, très-ébouriffante et très-désopilante lettre dont il est fait mention ci-dessus.

Lettre du Révérend Père ***, aumônier des établissements pénitentiaires, à une famille de déportés.

Hôpital, Sacré-Cœur et Salette,
15 octobre 1876. Saint-Pierre.

« J. M. J.

« Monsieur et Madame,

« Il est donc bien vrai qu'un père et une mère catholiques ou qui se disent tels, *vendent* (1) chaque dimanche l'âme de leur fils, qui vient de faire sa première communion, pour *quarante sous !*

« Et dire que ce marché de Judas part du jour où Charles Emile B. devait faire une communion !...

« Est-ce que vous ne trouvez pas que ça ressemble aux trente deniers de Judas ?...

« Comment ! vous avez autorisé votre fils à

(1) Les mots en italique sont soulignés dans l'original.

faire sa première communion, et quelques mois après ce grand acte religieux qui engage l'avenir, vous concluez un marché avec un *marchand de lard*, en vertu duquel, pour *quarante sous*, votre fils ira vendre du cochon tous les dimanches, juste pendant l'heure de la messe !...

« Eh bien ! père et mère B., je vous dis la vérité comme je la pense... Si moi, votre aumônier, j'avais eu un père et une mère *comme ça*, je serais devenu non pas l'aumônier de la déportation, mais le plus *chenapan des malotrus qu'elle renferme*. Ce qui ne m'empêche pas de vous plaindre comme ami, parce que la misère vous aveugle et... surtout parce que cette misère ne vous excusera, père et mère, ni l'un ni l'autre devant Dieu, à son *tribunal redoutable*.

« Si j'ai un conseil d'ami à vous donner, c'est celui-ci. Envoyez promener votre *marchand de cochon*, envoyez votre fils à la messe, et croyez-moi le plus *intelligent* et le plus *désintéressé* de vos amis en J. M. J.

« ***, aumônier. »

Je n'ajouterai rien à cette lettre, Monsieur le Ministre, je me bornerai simplement à constater que je n'ai jamais rencontré les mots de *chenapan* et de *malotru* dans l'Evangile.

J'ai l'honneur d'être avec un profond respect,

Monsieur le Ministre,
Votre très-obéissant serviteur.

UN BON VILLAGEOIS.

LXVI

Lettre d'un bon villageois, déporté, à M. Eugène Spuller, rédacteur en chef de la République Française.

Uro, 20 mars 1879.

Monsieur le Député,

Vous savez qu'en France tout bon villageois, digne de ce nom, a pour habitude de lire sa gazette le soir, en fumant sa pipe au coin de son feu. Cela se fait du moins dans les temps paisibles comme ceux que le pays traverse aujourd'hui, grâce à la sage fermeté du gouvernement républicain. Mais en 1870, Monsieur le Député, quand l'empire fut tombé à plat à Sedan, ce n'était pas le moment de mettre ses besicles et de s'allonger dans un fauteuil pour se repaître des nouvelles apportées par la feuille du jour. Non, morbleu ! il s'agissait d'une bien autre besogne ! La France était surprise, envahie, foulée par l'étranger... Aux armes ! aux armes ! Trêve aux polémiques, aux discussions oiseuses, aux paroles vaines ! C'étaient des actes qu'il fallait, et chacun devait prendre pour devise celle du général Hoche : *Non verba, sed acta !* ce qui veut dire, d'après un de mes amis qui a su le latin dans sa jeunesse : *Tais-toi et marche de l'avant !*

Ah ! Monsieur le Député, les jours terribles que ceux-là ! J'en frémis encore rien que d'y d'y penser. Plus d'un villageois, alors, quitta femme, enfants, champs, foyer, pour voler à l'ennemi. D'autres se montrèrent couards, mais ce fut une telle honte pour la Patrie qu'il vaut mieux ne pas en parler. Longue et sanglante fut la lutte. Après Sedan, la lâcheté, nous eûmes Metz, la trahison. On vit là une armée livrée en bloc, maréchaux, généraux, régiments, escadrons, drapeaux, aigles, tout. Rien de plus poignant pour nous autres, paysans, que ce souvenir. La catastrophe accomplie, la France fit entendre un cri d'indignation et de douleur, et M. Gambetta, votre illustre ami, sentit en ce moment solennel, comme en plusieurs autres depuis, vibrer en lui l'âme de la Patrie. Ce sera son éternel honneur d'avoir stigmatisé, marqué le traître au fer rouge, et cela d'inspiration, sans enquête, sans jugement, obéissant uniquement à sa conscience qui représenta, à cette heure de notre histoire, la conscience nationale outragée, révoltée.

Ces défaites, ces capitulations, ces trahisons devaient, monsieur le Député, attirer sur la France des malheurs plus épouvantables encore. Paris, l'héroïque Paris, ne put se résigner, et alors on vit quelque chose de plus odieux et de plus déplorable que la guerre étrangère, ce fut la guerre civile. Guerre sombre, farouche, impitoyable, comme peut-être jamais il n'y en eut. Les combats dans la rue terminés, la répression continua, inouïe. Les uns furent fusillés sans jugement comme l'infortuné Millière, d'autres simplement condamnés à mort par contumax comme votre ami M. Ranc, d'autres massacrés pêle-mêle, d'autres jetés dans des wagons à bestiaux et expédiés aux quatre coins de la France.

Oh ! l'affreuse époque ! Sans compter les exécutions juridiques, qui mirent du moins un terme à des souffrances surhumaines, que d'abominables tortures éprouvées dans ces lieux à jamais abhorrés : Satory, les Chantiers, les caves de Noailles, etc. Toutes les privations physiques, toutes les misères morales ont été subies dans ces geôles maudites. Puis est venu la déportation. Simple villageois jeté dans le mouvement insurrectionnel après avoir fait mon devoir de patriote pendant la guerre, je devais être frappé comme tant d'autres, et depuis sept ans je suis captif.

On ne saura jamais, monsieur le Député, ce que contient d'amertume cette peine de la déportation qu'on nous a infligée. Seul, toujours seul. Pas un mot du cœur. Quelquefois des mois entiers sans une lettre, une ligne de France... Oh! comme l'homme s'affaisse sous le poids de cette destinée implacable. On a beau se raidir, se raisonner. Chaque jour le combat recommence, chaque jour Sisyphe doit rouler son rocher, qui retombe de plus en plus lourd. On finit par se laisser aller, par devenir indifférent, stupide, idiot.

... A tâtons, en détresse, aux abois,
Comment peut-il penser celui qui ne peut vivre ?
En tournant dans un cercle horrible, on devient
[ivre ;
La misère, âpre roue, étourdit Ixion !

Au bout de cette voie de l'indifférence sont placés trois sinistres écueils : l'abrutissement, la folie et le suicide.

Mais, monsieur le Député, en voilà assez sur l'invasion, la Commune et la déportation. Ce n'est pas de cela qu'il s'agit. J'ai commencé ma lettre en vous disant qu'un bon villageois aime à lire tranquillement sa gazette. Je reviens à cette phrase-là. Le villageois dont je veux parler en ce moment, c'est votre serviteur, et la gazette à laquelle je veux en venir, c'est la *République française*, dont vous êtes le vaillant rédacteur en chef.

Vous n'ignorez sans doute pas, monsieur le Député, que, mû par un sentiment délicat et généreux qui l'honore, votre éminent directeur a bien voulu me faire envoyer, dès mon arrivée en Nouvelle-Calédonie, un exemplaire de la *République* à titre gracieux. Je lui en suis, monsieur le Député, d'autant plus vivement reconnaissant que je ne crois pas qu'aucun autre envoi de ce genre ait été fait par d'autres journaux parisiens. Pendant que, chose pénible à dire, des amis, des familles même oubliaient, à la *République française* on restait fidèle à l'infortune et on songeait qu'il y avait, au-delà de l'Océan, des Français, des compatriotes malheureux qui avaient conservé au cœur le souvenir de la Patrie. C'est là, monsieur le Député, une belle et bonne action, dont je tiens à vous remercier publiquement. Il y a pourtant un point sur lequel vous voudrez bien me permettre d'appeler votre bienveillante attention, c'est celui-ci :

Toute la collection que vous m'avez expédiée ne m'est pas parvenue. Il m'a été retenu à la direction de l'administration pénitentiaire, à Nouméa, six cent soixante-dix-huit numéros dont voici le détail :

Numéros manquants :

Du 4 avril 1874 inclus au 29 octobre 1875 inclus, soit environ	570 numéros
Du 13 au 26 novembre 1875,	13 —
Du 25 décembre 1875 au 2 janvier 1876,	8 —
Du 26 février au 11 mars 1876,	13 —
Du 6 au 19 avril 1876,	13 —
Du 8 au 14 juillet 1876,	6 —
Du 22 juillet au 4 août 1876,	13 —
Du 19 au 25 août 1876,	6 —
Du 28 octobre au 3 novembre 1876,	6 —
Du 10 au 16 mars 1877,	6 —
Du 25 avril au 3 mai 1877,	8 —

Du 10 au 17 juin 1877, 7 numéros
Du 15 au 20 décembre 1877, 5 —
Du 24 au 28 décembre 1877, 4 —

Total, 678 —

Persuadé, monsieur le Député, qu'il n'est jamais entré dans les intentions de la *République française* de faire bénéficier les fonctionnaires ou agents de l'ordre moral d'un abonnement gratis, je crois devoir vous tenir au courant de ce qui s'est passé, pour que vous preniez telle mesure que vous jugerez convenable.

Il est bien entendu que M. le commandant Olry, le gouverneur actuel, n'est nullement visé par ma réclamation ; je me plais, au contraire, à reconnaître que la *République française* m'a toujours été remise intacte depuis son avènement.

Je vous prie d'agréer, monsieur le Député, l'expression de mes meilleurs sentiments de fraternité républicaine.

Un bon villageois.

LXVII

UN CHEVALIER DE L'ORDRE MORAL.

« L'ordre moral, il faut le
combattre et l'abattre !
« VICTOR HUGO. »

Il y a, en ce moment, au ministère de la marine, un personnage qui va, dit-on, de bureau en bureau, déblatérant contre les républicains en général et les déportés en particulier. Ce personnage, qu'on ne saurait oublier quand on l'a vu une fois, et qu'on ne peut que maudire quand on a eu le malheur d'avoir été placé sous ses ordres, c'est... Mais à quoi bon le nommer.

Figurez-vous quelque chose de vieux, de ridé, de fané et en même temps de fardé ; quelque chose qui tient à la fois du clown anglais et de la courtisane sur le retour ; des yeux glauques, équivoques, ternes, presque éteints ; un nez couvert de pustules suppurantes ; un front bas, un visage dur et sanguinolent ; une voix rauque, éraillée, brutale, zézayante ; je ne sais quoi du profil de l'hyène. Mettez sur cet ensemble odieux et ignoble une perruque et sur cette perruque un chapeau haut de forme, et vous aurez une idée, au physique, de cet exécuteur des hautes et basses-œuvres des gouvernements ordre-moraliens.

Quand cet homme, qui n'avait plus rien d'humain, passait dans les rues, les mères le montraient du doigt à leurs enfants, et les enfants fuyaient épouvantés.

Il est parti de la colonie, détesté par les fonctionnaires, abhorrés par les colons, exécré par les déportés.

Dépouillez ce vieux soudard de sa chemise fine, de son chapeau blanc, de sa redingote noire ; jetez sur ses épaules la casaque des forçats ; poussez-le parmi ces derniers et faites défiler la chiourme devant vous. De toutes les faces patibulaires que vous verrez, la plus hideuse sera, sans contredit, la sienne.

26 mars 1879.

LXVIII

A M. et Mme Quantin.

Ile des Pins, 30 juin 1879.

Mes chers et bons amis,

Je ne puis, en vous quittant, m'empêcher de vous laisser l'expression de ma reconnaissance pour toutes les marques de bonté et d'amitié dont vous n'avez cessé de m'entourer pendant mes mauvais jours. J'emporte avec moi votre souvenir, qui me sera toujours très-précieux puisqu'il me rappellera qu'au sein de l'infortune, j'ai rencontré des cœurs généreux et dévoués, de vrais amis. Soyez persuadés que je ne vous oublierai pas.....

Je remercie tout particulièrement madame Quantin, dont les attentions affectueuses ont été pour moi celles d'une sœur, de la meilleure des sœurs.

Adieu ou plutôt au revoir, mes bons amis. Parlez quelquefois de moi à vos enfants, et croyez à ma sincère et durable affection.

JULES RENARD.

FIN

AMIENS. — TYPOGRAPHIE FRANCIS FRANÇOIS.

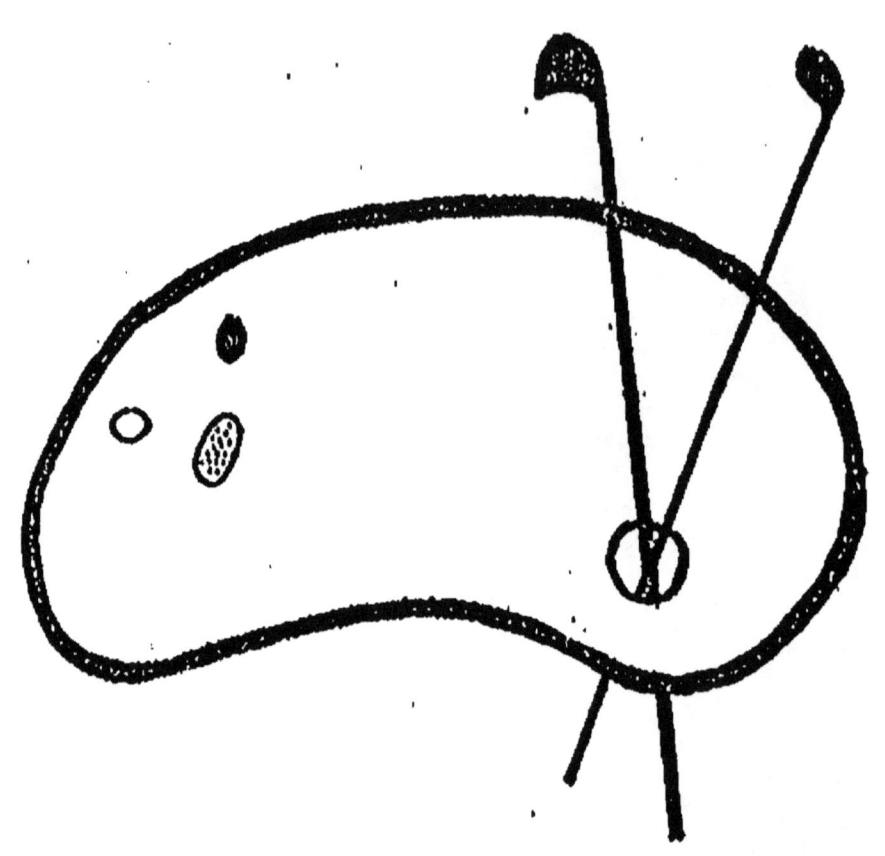

ORIGINAL EN COULEUR
N° Z 43-120-8

www.ingramcontent.com/pod-product-compliance
Lightning Source LLC
Chambersburg PA
CBHW071516160426
43196CB00010B/1539